U0857545

国家出版基金项目
NATIONAL PUBLICATION FOUNDATION

胡集村

山东村落田野研究丛书

张士闪 李 松 总主编

王加华 著

山东大学出版社

总序

编纂一套山东村落田野调查方面的丛书，立意甚早。20多年来，以山东大学为核心的山东民俗学团队，每年都会安排多次村落田野调查活动，许多博士、硕士学位论文也以村落为田野点，注重对田野材料的挖掘与分析，紧贴乡土作实证研究，迄今竟有百村之数。学术论文的阅读群终归有限，将这些辛苦得来的第一手田野资料，以写实的手法呈现出一个个真实的村落世界，向社会提供一份可信的国情资料，一直是我们共同的心愿。

2016年夏，山东大学民俗学研究所与山东大学出版社共同策划、申报"山东村落田野研究"选题，并于2017年春被列入国家出版基金规划资助项目，夙愿终偿。我们从以山东村落为田野点的博士、硕士学位论文中遴选出20种，邀约作者遵循"深描村落生活，凸显村民主体，梳理乡土文脉，展现国情底色"的原则，进行改写或重写。为使这一原则不致落空，我们课题组密集举办三次小型研讨活动，达成如下共识：

首先，小中见大，述而见议。这套丛书所选村落虽然都在山东，但学术视野并不自我设限，讲究以小见大，寓学理于讲述之中，助推对于中国社会的深入理解。这需要作者秉持综合、开阔的学术眼光，既关注村落的历史脉络，涵括其驳杂的历史动态，又聚焦当今村民主体话语，反映村落的社会现实和未来走向。

其次，关注传承，着眼动态。在乡土社会发生剧变的当下，我们理应重新观察和思考作为人类最基本的生活共同体的村落，关注其自治传统的传承及组织机制，得出符合其自身历史实际和内在逻辑的阐释。村落描述，不应该成为乡村琐事的拼盘，也不是对于一个个村落凝固幻象的编织，甚至也

不应满足于立此存照式的一幅幅风俗画。我们深信，就在众多村落所呈现的异同之间，蕴含着中国基层社会的真正奥秘。

再次，村民本位，日常视角。坚持村落民俗志描述中的村民本位，摆脱那种将文人的文字传统视为“唯一性知识”的旧习，将村民日常使用更广泛的口述、物象、仪式等知识形式，放在至少是与文字同等的位置。我们深知，白纸黑字所代表的文字表达传统，仅仅是占社会总体人数很少的文人阶层所推重的一种特殊知识形式，而远非人类知识之全部。在乡村社会中尤其如此。将村落的历史、当下与未来贯穿起来的村民，在“过日子”中凝结而成的丰富知识形式，理应在村落民俗志中显现光彩。我们期望这套丛书出版后，不仅供学者研究、都市人阅读，还有村民愿看，甚至成为村落典藏。让乡土知识真正实现“从民众中来，到民众中去”，是我们最大的心愿。

新世纪以来，随着以全球化、都市化为特征的现代生活的迅速普及，乡土民俗的连续性、系统性、整体性已严重受损，曾作为中国社会主体的乡土村落正经历巨变。但无论如何，村落依然是中国传统文化的重要承载地，农民是绝不可轻忽的文化传承主体。当代学者的一项重要使命就是关注村落，将村落中的人、事、文化传统与生活现状等视为一个整体，通过深描村落社会运行的逻辑，阐释村民的生活世界及其赋予生活的意义之所在，并在此基础上对其组织形态、机制及变迁予以描述与推导，这对于理解中国乡村文化传承乃至整个中国社会大有裨益。我们深知：梳理中国村落的历史来路，叩问其从何而来；展示由形形色色民俗事象所构成的村落人文世界，理解现状与内在脉络；观察村落在现代化进程中的遭遇与新创，关注其向何处去——这应该成为村落研究介入当代中国社会发展、彰显乡村文化茁壮活力的基本向度。

一、中国村落研究传统

生于乡土，终老乡土，曾在漫长岁月中被绝大多数国民视若天经地义，这一社会事实本身即足以显示村落的意义。我们相信，“在村落中研究”（格尔兹语）的学术实践，在当今“世界史”“全球史”风起云涌之际，不仅没有过时，而且不可或缺。毕竟，无论是重述“亚洲”，还是重述“世界”，我们仍要以乡土中国为立足点。

传统意义上的村落，自有其历史渊源与发育过程。村落社会的组织与运行，离不开稳定的民俗传统的传承。民俗传统既具有群体规约性质，又能为民众提供身份认同与人生意义，因而蕴含生机，常在常新。村落之为“问题”，乃是 19 世纪末 20 世纪初，一批知识分子基于晚清社会之变局“眼光向下”的产物：一方面，受西方入侵影响，新的生产方式与经济结构已日益内嵌于中国基层社会，传统时代城乡互动的社会运行模式被打破，作为中国乡土社会基本单元的村落日渐萎缩，成为当时中国社会整体发展失衡状况的表征之一；另一方面，以“西学东渐”为背景而形成的革命性、现代性强势话语，逐渐渗入乡土社会，持续改写着村落发展的内在逻辑，造成了民间自治传统的失衡或断裂。[①] 以此为背景，乡土社会成为当时知识精英普遍关注与“拯救”的对象，村落则成为中国现代学术研究的重要单元。

诚然，学术活动不能没有研究单元的设计。20 世纪上半叶，以费孝通、林耀华等为代表的中国学者，就注意选择村落或村寨为研究单元，并在其学术生涯中长期坚持，认为村落既是便利研究者做全面了解的较小的社会单位，又是反映人们社会生活的比较完整的切片。[②] 其中奥秘，恰如英国人类学家布朗所强调的，对于一个村庄进行细致入微的研究的意义在于——既要看到村落社区生活的某一个方面在整体的社会生活中的功能，也要看到这个村落本身的组成结构。[③] 钟敬文在 1983 年中国民俗学会成立的讲话中，将“搞民俗学当然着重在广大农村”当作不言而喻的前提[④]，后又在不同场合多次表述，获得了国内民俗学界的广泛响应，乃至成为经典范式。20 世纪 90 年代初，刘铁梁从民俗传承生活空间的角度，论述了村落作为基本研究

---

① 参见张士闪：《“顺水推舟”：当代中国新型城镇化建设不应忘却乡土本位》，载《民俗研究》2014 年第 1 期。

② 参见费孝通：《江村经济——中国农民的生活》，商务印书馆 2001 年版，第 24 页。

③ 转引自赵旭东：《权力与公正——乡土社会的纠纷解决与权威多元》，天津古籍出版社 2003 年版，第 10 页。

④ 参见钟敬文：《民俗学的历史问题和今后的工作》，载《钟敬文自选集》，首都师范大学出版社 2008 年版，第 409 页。

单位的意义，明确了村落研究在民俗学学科中的理论地位。[①] 时至今日，以村落为单元进行研究的学者仍为数众多，跨越民俗学、人类学、社会学、历史学、民族学、艺术学等学科。诚然，在国土广袤的中国，无论从事怎样的课题研究，从相对自成体系而又较小的村落生活共同体入手，自有其合理性，而且有望产生深厚的学术理论意义。更何况，村落研究还被赋予认知历史、立足当下、面向未来的重要使命。村落形态尽管一直处于或微或巨的变化之中，但它所塑造的文化模式与传统，在可预见的未来中国仍具重要价值，乃是不争的事实。

但与此同时，对于以村落为研究单元的批评一直不绝于耳。美国学者施坚雅的批评可谓尖锐："研究中国社会的人类学著作，由于几乎把注意力完全集中于村庄，除了很少的例外，都歪曲了农村社会结构的实际。如果可以说农民是生活在一个自给自足的社会中，那么这个社会不是村庄而是基层市场社区。"[②]在施坚雅的"市场圈"理论之后，又陆续出现了祭祀圈、婚姻圈、联村组织等研究范式，对村落研究模式予以拓展，努力将村落单元置于更大范围的区域社会脉络中予以理解。毕竟，村落社会并非村民的简单集合，村民生活也并非只与村落有关。自古及今，村民与村外世界联系的普遍性是无可置疑的。[③]

围绕村落作为研究单元的种种争论，有相当多的误解在内。比如：对于村落生活共同体的基本理解，是被动、静态，还是动态、开放？争论双方其实是基于不同的预设。村落研究，如果将村落理解为动态、开放的社区，就应该成为从村落出发的研究，以小见大地拓展个案研究的价值，而那种从较大区域展开的研究，如果将村落理解为被动、静态的社区，也不见得就一定贴

---

① 参见刘铁梁：《村落——民俗传承的生活空间》，载《北京师范大学学报（社会科学版）》1996 年第 6 期。最近，他对此作了更明确的表述："村落被民俗学者视为田野调查的最佳场域，也是最基本的空间单位……民俗学把村落作为一个整体的小社会进行观察和分析。在村落中观察到的民俗文化事象，具有时空的限制意义。"（刘铁梁：《"深描"中国村落文化变迁》，载 2017 年 7 月 10 日《中国社会科学报》）

② ［美］施坚雅（G. William Skinner）：《中国农村的市场和社会结构》，史建云、徐秀丽译，中国社会科学出版社 1998 年版，第 40 页。

③ 即使在前现代化时期，村落本身也不可能像老子所说的"鸡犬之声相闻，民至老死不相往来"，如多村共用一庙、信仰仪式的村落轮值等。当代学界热衷于以"古村落""传统村落"等为研究对象，频繁使用"原生态""原汁原味""本真性"等概念，其实都是以将封闭自足视作村落的"典型"状态为预设的。

近了“农村社会结构的实际”。其中的关键，是对于乡村社区与村民主体之间互动关系的理解，而不在于所选择的研究单元的大与小。即便是规模不大的村落，毕竟也是民众多种力量共存的、活态的生活共同体。其实，在中国乡土社会研究中，真正让人遗憾的是对于村民主体性的轻忽或漠视，这是在上述研究模式中一直未能得到根本改变的死角。

二、村落研究，应聚焦民众主体

绝大多数的村落研究，往往将民众的文化笼统地归于“民俗”，似乎民众的文化生命是以“民俗传承”来丈量或维系的。厘清民众与民俗的关系，将有助于拨开笼罩在村落研究中的多重迷雾。民俗，究竟是民众自发的文化创造，还是基于“一二人倡之，千百人和之”的精英引领，抑或不过是国家大一统进程中“礼化为俗”的结果？细究之，上述三种观点虽都不免以偏概全，却也都道出了民俗的某一要义。若将三者统观，庶有助于对“民俗”乃至村落的理解。

首先，民俗的本质是民众主体的文化创造，自无可置疑。民俗传统，即民众在长期生活实践中，以约定俗成的方式促使某种价值规范发生从世俗到超验的升华过程。值得注意的是，这一升华过程绝不是一朝一夕所能成就，也并非一成不变，而是在民众生活共同体内部始终蕴含着多变的可能，呈现出活态性质。同时，再有力的国家行政运作，也无法随意篡改民俗传统或改变村落社会的民众主体性质。近年来对于当代村落的近距离观察，使我们更加确信：在当下新型城镇化的浪潮中，民俗传统不仅没有遁隐，而且变得更富弹性与多元。时至今日，某些村落的发展轨迹时显诡异，其“突然终结”与“奇迹再生”之现象让人大感迷惑。究其实，民众力量在社会剧变中的屈抑与释放当是理解这一现象的重要维度。

其次，自古以来，民俗的形成与发展均离不开知识精英的引领作用。我们在田野作业中发现，很多民俗传统一开始是作为事件应激之文化反应而出现的，如村落形成之初的生存所需、灾乱年头的秩序维持、太平时期的发展机遇捕捉等。这种因应激而形成的文化反应，不会随着事件的完结而迅即消失，而是沉淀、扩散到地方生活中，形成社会经验，此后又会在后发的事

件应激中被运用,最终磨合成一种社会行为模式。在应激事件、应激性文化反应与社会行为模式的互动过程中,离不开少数文化精英的有意识运作,并最终使之沉淀为乡土民俗。恰如"民俗"之作为现代学术概念,也是伴随着现代城市化的发展进程而为知识精英所发明并设置意义的。正像铃木正崇所说:"直到近代,'民俗'与'传统'在消灭和生成的间隙中得以发现。"[①]不过,少数知识精英的引领作用,从来是与其"适于时而合于势"的行为选择密切相关的。兹以地方志书中的灾荒记录为例予以简单说明。地方志书中总是凸显地方精英的非凡作用,比如为减税急赈而为民请命、订约立碑以控制社会秩序等,而将一方民众作为背景因素,至多以"民不聊生""饥民四起"等语大略言之。这显然并非社会事实。实际上,精英的行为往往是受地方社会情势所激,其对于当时国家政治态势的估测,与对于地方民众心理的揣度,为其行为选择提供了关键性依据。但作为地方社会情势重要构成因素的民众,却在地方志书中被大大忽视了。

再次,中国很早以来就已形成所谓的"礼俗社会",传统中国作为一个复杂社会系统,在民间生活与国家政治之间有着复杂而深厚的同生共存关系。纵观一部中华文明传承发展史,国家意识形态经常借助对民俗活动的渗透而在乡村生活中贯彻落实,形成"礼"向"俗"落实、"俗"又涵养"礼"的礼俗互动的政治框架。礼俗互动,既包括民众向国家寻求文化认同并阐释自身生活,也体现为国家向民众提供认同符号与归属路径。换言之,借助民俗文化的生机跃动,民间社会始终发挥着对于主流文化的葆育能力。以此为基础,在中国社会悠久历史进程中的"礼俗互动",就起到了维系"国家大一统"与地方社会发展之间平衡的作用。[②] 国家政治与民间自治之间的互动关系,不仅形塑着社会组织的基本形式,也由此产生了社会生活层面的文化交织现象:"国家对村落的政治干预与民间自治之间有长期互动的历史,结果是形成了今天(家族村落)聚落联合体的基本组织形式。"[③]以此理解中国大地上的众多村落,庶有较通观的眼光。

---

① [日]铃木正崇:《日本民俗学的现状与课题》,赵晖译,载王晓葵、何彬编:《现代日本民俗学的理论与方法》,学苑出版社 2010 年版,第 3 页。

② 参见张士闪:《礼俗互动与中国社会研究》,载《民俗研究》2016 年第 6 期。

③ 刘铁梁:《传统乡村社会中家庭的权益与地位——黄浦江沿岸村落民俗的调查》,载《北京师范大学学报(社会科学版)》2001 年第 6 期。

三、村民口述的意义

走进村落，不仅要关注“民生”，而且要体察“民心”，感受民众生活史与心态史的双重意义。面对民众的生活与文化，传统的学术工具似乎不那么灵光了。

比如，我们在村落调查中，经常有各种各样的困惑。为什么历史上的某一事件，会频繁地被村民表述，还被表述者加上了许多的发明和创造？不仅如此，看起来离“真相”越来越远的表述，反倒经常成为后人的话题中心，并在现世生活的裹挟下发生效用，而事件本身（即所谓“真相”）倒不见得重要了。还有，为什么是历史上的这一事件而不是另一事件，频繁地被这一地方而不是另一地方的人不断关注，并“折腾”出了这样的而不是别样的传统？有果必有因，有事必有人，民间自有其文化选择与传承的机制——没有关注，就不会有表述；没有关注和表述，就不会有传统的发明和创造。

显然，前者关注的是一种文化传承的线性历史，后者则关注其内在结构逻辑，耶鲁大学教授萧凤霞试图以“结构过程”[①]涵括二者。要想真正地解惑答疑，就必须在具体的区域社会空间中将二者结合起来，关注某一传统从过去到现在的建构过程与多元指向，并特别聚焦其主体表述。这一研究模式的策略是，一种传统在不同时代留下的表述有或微或巨之别，而就在种种表述的同异之中，蕴含着区域社会发展的历史脉络与内在逻辑。因此，我们的工作首先是挖掘各种表述，然后在各种表述之间寻找关联，总结民间叙事的特征，并在此基础上还原“社会事实”，建构逻辑关系。鉴于历史上官方、知识精英与民众的互动情形驳杂不一，我们今天所见的“传统”基本上都已经历过无数次改写，只是我们难以知情罢了，因此必须保持足够的警觉。这也意味着，我们在关注传统的线性历史脉络的同时，要特别关注地方社会中人的创造能力及创造逻辑。

用这样的眼光看，民间口述材料中所谓的“随意性”，不但不应是拒绝采信的理由，反倒要视为民间叙事乃至地方生活的应有特征，为我们解读历史

① 萧凤霞：《廿载华南研究之旅》，载《清华社会学评论》2001年第1期。

提供了一种相对稳实可靠的地方逻辑。一个人(当然也包括多人)对于同一事件的不同表述,既可以是基于生活状态与交流情境不同而形成的差异,也可能是他对事件表述的不同侧面的选择,还可能是他自身"觉昨非而今是"而有所改变的结果。叙事者,既是能动的个体,又会受到国家历史进程与地方社会发展格局的影响。更重要的是,国家历史进程与地方社会发展并不是作为人类个体活动的静态背景而存在的,而是通过无数个体的能动性活动才得以实现的。个体与群体的叙事及其他行为,对于地方社会发展与国家历史进程的推动作用,至今尚难以准确估测,但在它们之间存在着至为复杂的关联与互动关系,则毫无疑问。因此,民间叙事基于村落生活而呈现出的所谓"随意性",不但不是田野研究的绊脚石,反倒蕴含着学术进步的契机,因为这是理解村民的历史观、价值观的必由之径。

村落中的民间叙事,还会努力保持与地方志、族谱、文人著述等文字传统的一致性。比如,它们都倾向于将本地区的历史与文明传统演绎得悠久古老,竭力与上古圣贤、神灵怪异建立关联,以贴近"人杰地灵"的叙事逻辑。显然,地方社会一直在不断地重新定义和建构自身传统的神圣与伟大,只不过官方和文人的叙事多以县境为单元,村民则多以村境为指向,官民之间经常发生的"文化合谋"即在此背景下展开。这与现代婚礼上对于恋人"缘分"的演绎,电视选秀者对其生平际遇的"赋值"等现象,如出一辙。其中的关键是如何建构叙事的合理性,以感染受众,并挟以自重。由此可知,执着于对民间叙事证实或辨伪的学者,既难以理解历史,也不能洞悉民众智慧。

村落研究,是不能不将历史学与民俗学、人类学的研究方法加以综合运用的。就村落史研究的学科传统而言,历史学追求历史真相,其研究注重证实或辨伪,而民俗学、人类学则关注民众如何记忆历史,以及为什么这样记忆历史。村民的历史记忆可以是虚构的、附会的、可改变的,因为它指向的是意义。比如,在山东各地的移民传说中,潍水以西大都说是来自山西洪洞大槐树(有的强调是由河北枣强中转而来),潍水以东的胶东半岛则普遍流传着"小云南移民"的说法。虽然众口一词言之凿凿,但在历史上不可能村村如此。然而,人们还是将传说演绎为一种显赫话语,争相讲述、争论与传播。在争来说去之间,这一传说就被广阔地域的人们演绎为一种有意义的历史记忆,衍生出文化认同、精神安顿等现实意义。克拉克认为:"人类学者一向比社会学者和历史学者对于历史意义的重要性更为敏感。和‘什么事实际上发生过’同样重要的，是‘人们以为发生过什么样的事’，以及他们视它有多么重要的。”①真正的村落研究，不仅是在为包括历史学在内的多种学科提供民众口述资料，其实还有更为重大的使命，就是挖掘和呈现民众生活实践中的文化创造及其价值建构。遗憾的是，后者至今仍为包括民俗学者在内的众多学人所轻忽。

四、以学者与村民合作的民俗志书写方式，推进当代村落研究

近年来学界劲吹“田野风”，进入村落成为时尚。特别是有老建筑遗存的古村，学人更是纷至沓来。热衷于进村者，并非都出于对村落价值的珍视与对村落发展的关怀，但对村落的影响却是强大而持续的。在这一切的背后，是国家战略聚焦乡村，社会资本涌入乡村，乡村成为当代社会的“宝地”。

历史告诉我们，乡村社会的良好发展是国家长治久安的基础。不过，在此时此刻，如下追问也许并非多余：我们真正了解我们匆遽进入的乡村吗？我们所理解的、要保护的乡村文化生态是自然真实且可持续的吗？我们的意愿也是生于斯长于斯的众多父老乡亲的愿望吗？这方水土会因我们的进入而更加美好吗？须知，在“现代化发展”这一庞然大物面前，乡村自然与人文生态系统是何等脆弱，而乡村所积淀的传统智慧对于人类未来发展则弥足珍贵，任何人、任何力量都无权损之毁之。广阔的农村天地首先需要被准确认知，然后才有可能“大有作为”。面对村落，如何才能更好地认知、更深入地理解与更准确地描述呢？

就本套丛书的众多作者而论，虽然早先在博士、硕士学位论文的写作过程中，已对村落有相当了解，但受到学位论文写作时间的限制与研究能力的制约，其村落民俗志描述少有村民的内部视角。我们期望在这套丛书的写作中，通过学者与村民的深度合作，尽量多地呈现二者的不同视角，尽

① [美]克拉克(Samuel Clark)：《历史人类学、历史社会学与近代欧洲的形成》，贾士蘅译，载[加]玛丽莲·西佛曼、P. H. 格里福编：《走进历史田野—— 历史人类学的爱尔兰史个案研究》，(台北)麦田出版股份有限公司 1999 年版，第 386 页。

量多地留存鲜活的乡土气息。

1. 对于村民的内部知识，不妄加评论，而采用现象描述的方式，呈现真实的民众心态。

初入田野者，最常见的毛病便是盲从自己的知识“先见”，乍见村落种种现象，就匆匆忙忙做类型区分和价值判断。比如，对于村民信仰活动，或要评判是否迷信，或要区分是道教还是佛教。这样的知识“先见”，其实是基于对中国社会的肤浅理解。看似荒诞不经的言行，往往背后蕴含着民众的真实心态，是解读村落心史的难得资料。本套丛书中《胡集村》一书的作者王加华，曾携初稿进村交流。村民以当地说书前惯用的几段开场白[①]为证据，坚持认为本村起源于春秋时期，已有2000多年历史。这一说法无疑是非历史的，却正反映了村民希望将本村历史拉长与神圣化的真实心态。作者最终定稿时，对此就没有予以简单地抹杀或揶揄，而是在列举地方志书中的“明初立村说”之后，呈现村民的“春秋立村说”及其依据，同时保留村民的其他说法，这无疑是确当的。

当然，在学者与村民的交流中，也会有村民揣摩学者意图而对村落内部知识加以改装，往学者这边贴靠。这既与现实生活中学者话语的强势地位有关，也表现出村民对外来话语（包括学者）的利用心态，后者尤其值得注意。一些有见识的村民，一旦察觉到学者话语有助于所在村落的“增值”，往往就会抛弃己见，欣然赞同学者的说法，甚至热心地帮助寻找证据。虽然这也是村落知识增长的一种方式，但目前却还处于不稳定状态，需要将之与村落中比较稳定的知识范畴相比照，否则，我们对村落的理解就不免浮光掠影。

2. 丛书最后特设专章“村里的人　村里的事”，附录“重要民俗资料提供者简介”与村民所用文献，以凸显村民的主体叙事视角。

“村里的人　村里的事”专章的设计，意在以词条单列的方式，突破传统村落民俗志书写的静态幻象，在以事带人的生动描述中展现村落中的特

① 胡集书会汇聚南北说书人，常用的开场白有：“道德三皇五帝，功名夏后商周，五霸七雄闹春秋，顷刻兴亡过手。”“孔夫子周游列国，子路沿门教化。柳敬亭舌战群贼，苏季子说合天下。周姬佗传流后世，古今学演教化。”“扇子一把抡枪刺棒，周庄王指点于侠。三臣五亮共一家，万朵桃花一树生下。何必左携右搭。”

色文化。要想做到这一点并不容易。如张士闪和张帅在完成《洼子村》一书初稿后，曾专门回村细读给7位老人听，在热烈的讨论交流中，重新审视或矫正书中的原有观点。有村民尖锐地提出，原书稿过于突出巫婆神汉、善人及其信仰活动①，应该为本村烈士、支前英雄“树碑立传”，突出“教师村”的形象，并提供了相关资料。我们据此进行调整，新增“教师村”“红色记忆”两个词条，与原有的“公事总理”“礼仪人家”“善人”等并置相映，就明显合理多了。这一修改书稿的过程，其实是学者与村民的两种叙事风格的并置与互动的过程，由此形成的村落民俗志自然会较前丰厚许多。

重要的民俗资料提供者，通常属于村民心目中“会看事”“会办事”“会说话”的人，经常代表村民向外人表述“村落文化”，其话语当然也会经过其自身的选择、加工而具有个人色彩。我们需要进一步观察，大多数村民会认同他作为村落文化代言人的角色吗？不善于对外人表述的大多数村民，如何评价他的话语？学者的到访，是促成了村民对其话语的接受还是相反？这些都需要格外留心。书后所附“重要民俗资料提供者简介”，意在呈现其个人基本信息，供读者进一步了解与思考。

书后所附的村民文献，与学者所撰写的正文文本形成有趣对比。学者与村民之间，注意点不同，知识储备、思想局限有别，而对村民村事的价值预设也差异明显。比如，围绕同一个村落的民俗志表达，学者所感兴趣的是如何呈现其所理解的“村落”，往往是看了地方志、地图、家谱、碑记等以后，再去跟村民交流，有时候还会事先阅读相关论著。当今学者还会特别看重祠堂、庙宇、信仰仪式、巫婆神汉等，认为这代表了地方文化生态的完整性。对于村民而言，村落则是他们身在其中、终身归属的“家园”。曾记得在2002年，洼子村的几位村落精英接受村委会布置的一项任务，要向外来民俗专家介绍村落文化，他们将之分解成“村志”“民俗概况”“文化教育概览”三部分，分别撰文描述。显然，他们将“村落文化”理解为历史、民俗与“高层”文化（并视为本村的特色文化）等三大层面，这一分类颇有见地，对于我们今天理解村落及民众心态仍具启发性。

长久以来，中国乡村社会经过反复的礼俗教化，形成了基于农耕经济

① 张笃杰：“看了这书，外人还以为洼子村就知道整天烧香拜佛呢！”张笃杰，山东省淄博市淄川区罗村镇洼子村人，长期担任中小学教师、校长，现退休在家。

的社区共享传统，它以乡村公共利益的高度共享来实现乡土社会秩序的长期稳定，以社区节庆、生活礼仪、生产互助、乡规民约、信仰仪式等民俗传统为传承载体，构建起中华文明绵延不断的社会基础，也是支撑当代中国乡村可持续发展的重要文化资源。当代学者应服务当下中国社会发展的现实需求，扎根村落，深入传统，以此为基础提炼研究方法与理论，建构田野研究的中国话语。我们这套丛书愿意在这一学术方向上进行尝试，抛砖引玉。

最后还要说明的是，这套丛书写作时间正值暑期，尽管各位作者都有博士、硕士学位论文的研究基础，但因丛书定位所强调的视角转换，需要大量的补充调查，有的干脆是返工重做。今夏大热，感谢各位作者不避酷暑，按时完成撰写任务。因时间匆遽，本套丛书不尽如人意之处，敬请读者诸君批评指正。

张士闪

2017年8月31日

前言

胡集村，位于山东省惠民县胡集镇，为镇政府驻地。本书之所以选择胡集村作为调查与研究对象，是由多方面因素促成的。第一，胡集村是国家级非物质文化遗产胡集书会的举办地，是一个具有明显"文化特征"的村落。虽然笔者坚信，任何一个村落都是独一无二的，都是具有"典型性"特征的，但不可否认的是，从可操作性的角度来看，具有明显"文化特征"的村落却是更容易上手与展开进行的。第二，历史上胡集村曾是商贸发达之地，被誉为鲁北的金融与商业中心，而今虽已不能与历史时期相比，却仍是一个商业氛围浓厚、经济比较发达的村落。第三，胡集村位于鲁西北，在地理单元上属黄河下游冲积平原区，符合《山东村落田野研究丛书》村落选择的整体布局要求。第四，胡集村是笔者比较熟悉的村落。从 2010 年至今，因承担国家社科基金特别委托项目子项目《中国节日志・胡集书会》《中国节日影像志・胡集书会》的原因，笔者曾多次带领调查组、摄影团队到此村进行调查、拍摄——虽然关注重点一直是"会"而非"村"，对胡集村有了一定程度的了解，并因此搭建了比较好的田野调查关系。总之，正是基于以上主客观原因，笔者选择了胡集村作为具体的描述与研究对象。

研究对象确定后，接下来需要确定的是研究思路问题，即围绕什么主题展开研究的问题。对此，笔者借鉴了刘铁梁教授的"标志性文化统领式民俗志"[①]写作模式，将"胡集书会"作为胡集村的标志性文化，对村落社会

① 刘铁梁：《"标志性文化统领式"民俗志的理论与实践》，载《北京师范大学学报(社会科学版)》2005 年第 6 期。

生活的各个方面展开描述。正如胡集村的“文化人”胡希文在得知笔者将要撰写一本有关胡集村的书时对笔者所说的那样：“写我们这个村子，必须要侧重于这个书会，并将其贯穿始终。”因此，本书探讨的核心主题，即在于为何在胡集村形成一个繁荣的曲艺交易盛会及其对民众生活的影响，并力图从中透视当下中国的曲艺没落、非遗保护、村落社会变迁等问题。

具体来说，本书共分六章：第一章，主要对胡集村的村落与家族历史、经济发展与村落布局等作基本介绍；第二章，从“时间生活”的角度，对在胡集人的年度生活中具有重要节点作用的集市、岁时节日、“九月十五物资交流会”进行重点介绍；第三章，对胡集村曾经的村落庙宇、敬神与拜神活动、祖先祭祀活动等进行大体描述，尤其需要注意的是说书艺人对其“行业神”及去世老艺人的祭拜活动；第四章，以戏曲、曲艺、秧歌等艺术表演活动为具体描述对象，对胡集村的村落艺术传统及围绕艺术表演活动所发生的民众关系进行重点介绍；第五章，对胡集村的“标志性文化”胡集书会进行重点介绍，探讨胡集书会与胡集村的关系问题及书会期间胡集村的雇书、说书情况；第六章，对村落生活中的“事”与“人”进行个案描述，以进一步凸显胡集村的村落特性。总之，从中我们可以发现，之所以能在胡集这个地方产生一个胡集书会，是与胡集村及其所在区域独特的社会经济文化氛围直接相关的。

本书写作时所依据的主要资料来自实地田野调查。2010 年、2011 年、2015 年、2016 年胡集书会期间，笔者曾先后带领调查组、摄制组到胡集村进行调查与拍摄，每次约 10 天的时间。除此之外，笔者本人亦多次独自前往进行访谈调查。在此过程中，积累了近 20 万字、超过 800GB 的田野调查资料。只是，上述调查主要关注的是“会”而非“村”，对村落只了解其概况，无以完全支撑本书的写作。为此，2017 年 3 月 24～26 日，笔者又带领 6 人调查组，对胡集村各方面情况，如村落与家族历史、民间信仰、艺术传统、人生仪礼、社会交往等，进行了比较全面而深入的调查。除收集口述资料外，笔者亦参考了一些文献资料及相关研究成果。文献资料主要有乾隆《惠民县志》，光绪《惠民县志》，民国《续修惠民县志》《胡氏世谱》《胡氏宗谱》《胡氏家谱世族》等。研究成果主要是有关胡集书会的相关研究，具体如张玉《民间艺人、书会传承与乡民社会——胡集书会调查与研究》（山东大学

2008年硕士学位论文)、郝沛然《音乐与养家糊口——山东省胡集书会研究》(华中师范大学2009年硕士学位论文)等。另外需要着重指出的是,由出生并成长于胡集村的韩克顺先生撰写的《胡集书会》(中国文联出版社2010年版)一书,有大量关于胡集村的描述,这成为笔者最为重要的文献参考资料。此外,他的《九品乌纱》(作家出版社2003年版)一书,虽是一部小说,但是以胡集镇(包括魏集在内)为真实背景展开叙述的,亦具有一定的参考价值。

王加华

2017年3月

山东省地图
渤
海
德州市
滨州市
东营市
烟台市
威海市
济南市
淄博市
潍坊市
聊城市
莱芜市
泰安市
青岛市
黄
海
日照市
济宁市
菏泽市
临沂市
枣庄市
图 例
省行政中心
设区市行政中心
省 界
未定省界
设区市界
比例尺 1：4 000 000
审图号：鲁SG(2017)098号
山东省国土资源厅 山东省测绘地理信息局监制 山东省地图院编制

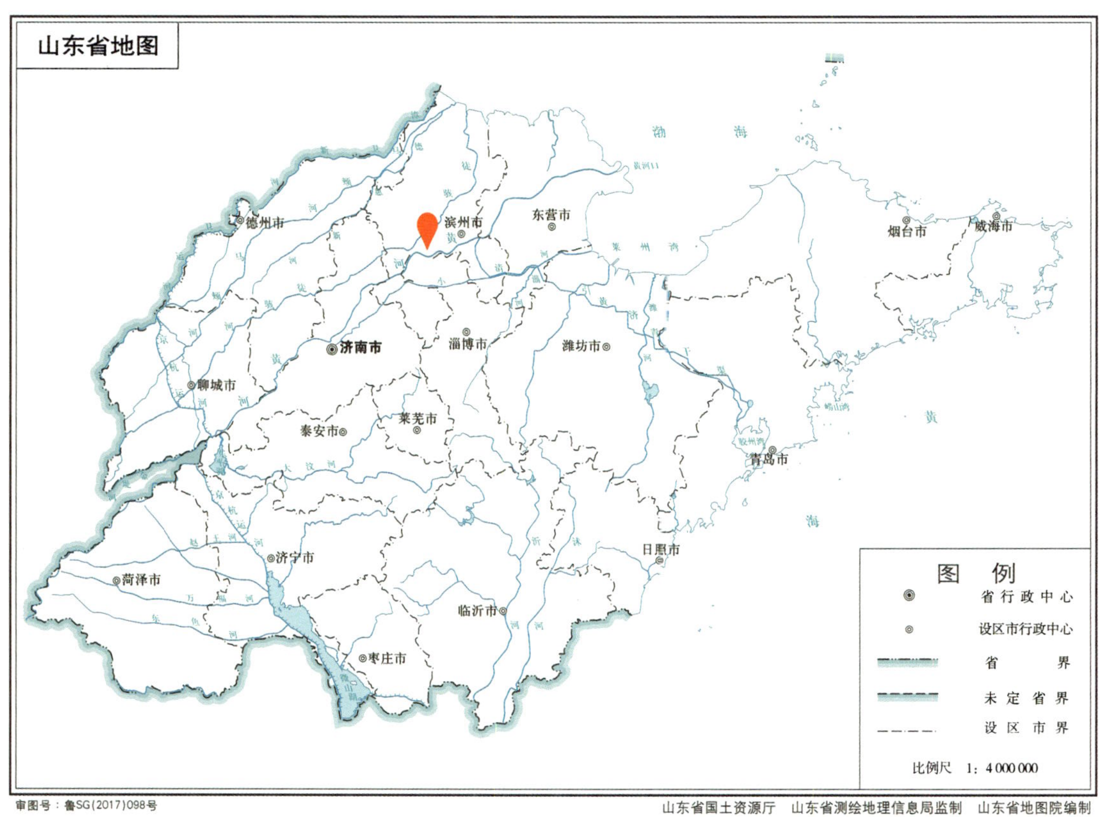

胡集村地理位置示意图

目录

第一章 因姓氏、集市得名的村落

胡集村最早由胡姓迁此并立村。在其后的发展过程中，姓氏渐多，并随着集市的设立，经济发展日益繁盛，尤其是到了清末、民国时期更是达于鼎盛。以至今日，相较于周边村落，胡集村仍是一个经济相对发达的村子。

一、众说纷纭建村史

胡集村，又名"胡家集"，位于山东省惠民县城东南 26.5 公里处，具体地理坐标为东经 117°41′，北纬 37°23′。① 该村在行政上隶属于惠民县胡集镇，为胡集镇政府驻地。在自然地貌上，胡集村地处鲁北冲积大平原，平均海拔约12 米，南距黄河约 10 公里，西北距徒骇河约 5 公里。历史上，受黄河泛滥及改道的影响，胡集村所在的地区曾水患频仍。土壤以沙壤土为主，另有壤土、黏土、碱土等。气候属温带大陆性季风气候区，年平均气温约12.1℃，冬寒夏热，四季分明。年均降水量为 610 毫米，主要集中于 7 月和 8 月，春秋则干旱少雨，全年无霜期约 185 天。②

① 参见山东省惠民县地方史志编纂委员会编：《惠民县志》，齐鲁书社 1997 年版，第 446 页。胡集村有具体的地理坐标，是许多胡集村村民引以为豪的。在他们看来，这正显示出胡集村的重要地位，"因为连惠民县城都没有一个精确的地理坐标"。

② 参见山东省惠民县地方志编纂委员会：《惠民县志》，第 101～102 页。

胡集村是一个以姓氏与集市而得名的村落。其具体建村历史，据《山东省惠民县地名志》载："胡集，又名胡家集，原名胡家。相传，明洪武年间(1368～1398 年)，始祖胡达吉，由河北枣强县迁来，立村胡家。后因相继迁入多姓，并立有集市，遂改名胡家集。"[①]现今矗立于村口的村名碑亦言："胡集，亦名胡家集，位于惠民县城东南 26.5 公里。明洪武年间，始祖胡达吉，由河北省枣强县迁此立村，以姓氏与集市名村。"据此记述可知，胡集村始建于明洪武年间，建村始祖系由河北省枣强县迁来，距今已有 600 多年的历史。事实上，在胡集村所在的惠民县，存在大量的河北枣强移民村落。据刘德增研究，惠民全县共有 1254 个自然村，其中枣强移民村多达 1056 个，占全县村落总数的84.21%。而在所有村落中，建村于洪武年间的有 196 个，其中建于洪武二年(1369 年)的有 46 个。[②]

村名碑

不过，对于《山东省惠民县地名志》及村名碑所记胡集村始建于明洪武年间的说法，很多胡集村人并不认同。如出生并成长于胡集村、曾担任《滨

① 惠民县地名委员会办公室编：《山东省惠民县地名志》，改革出版社 1993 年版，第 91 页。

② 参见刘德增：《大迁徙：寻找"大槐树"与"小云南"移民》，山东人民出版社 2009 年版，第 97页。不过，明朝官方文献中并没有枣强移民山东的记载；相反，有山东移民枣强的记录，因此刘德增教授认为，枣强只是洪洞"大槐树"移民的中转站。

州日报》副总编的韩克顺认为：

> 胡集(即胡家集),《中华人民共和国地名词典》和《惠民县志》上都说“始建于明初”。实际上要比这早得多。正如《惠民县志》所说:“春秋战国时期,本地就有较大村镇,明朝有不少移民从直隶(今河北省)枣强等地迁来定居,许多村后来相传为明朝建立,其实有些村中当时就有土著,实际建村朝代难以考证准确。”
>
> 胡集村夹在几个遗址中间,它的历史不能确定几千年,但也不会很短……几经周折,查看了“坐地胡”的族谱,族谱上并没明确说他们是什么年代到这里居住的,但他们一直在这村生活,至今已有三十四五代了。根据一般规律推算,这三十四五代,起码有1000年的历史,也就是说胡集镇(胡家集),至少有1000年的历史了。[①]

而历史文化爱好者、胡集村村史钻研者胡希文则认为,胡集村的历史实际上还要早得多。据胡希文讲述,胡姓为周代初年胡公满的后代。武王克殷后,求舜后,得妫满,封于陈,并赐姓胡。春秋时期,楚灭陈,陈公子完逃奔齐国,改姓田,此后其子孙逐渐掌握了齐国政权,并最终由第八代孙田和取代姜姓而成为齐侯,也即历史上的“田氏代齐”(前379年)。“田氏代齐”之后,加封族人于各地担任官职,“兄弟族人,尽为齐都邑大夫”。其中一个族人就被派到乐安“担任府尹”。“时间大概是在春秋战国后期”。秦灭齐后,又由田姓恢复为胡姓。因此,“胡集村的历史就是从春秋战国时期开始的”。[②] 在他看来,《山东省惠民县地名志》及村名碑中所记载的,实际上只是“迁入胡”的历史,而自己这一支则是“坐地胡”(关于“坐地胡”与“迁入胡”,详见后文),春秋战国时期既已定居此村。因此,《山东省惠民县地名志》及村名碑中所记载的村落历史是不确切的。为此,他曾专门找过村委会,向他们反映这个问题,并要求改正过来,但未果,后来又想去县里“找找”人,但最终也作罢了。

明洪武初年胡达吉从河北枣强迁到此地后,又有李、韩等其他姓氏陆续迁入,后随着集市的兴起,遂改名为“胡集村”。胡集村的历代行政隶属分别是:明宣德元年(1426年)乐安州改称武定州,下辖7乡,胡集村属顺礼乡。

① 韩克顺:《胡集书会》,中国文联出版社2010年版,第4、12页。
② 胡希文,男,胡集村人。访谈时间:2017年3月24日下午。

清雍正十二年(1734 年)升武定州为武定府,始设惠民县,改 7 乡为 16 号,胡集村属纲字号。光绪十二年(1886 年),改 16 号为 16 约,胡集村属纲字约。宣统二年(1910 年)实行地方自治,将 16 约合并为 10 乡,胡集村属纲字乡。1929 年,惠民全县改为 10 个区,胡集村属第七区,为区公所驻地。中华人民共和国成立后,惠民县设 13 个区,胡集村属第十区,为区公所驻地。1958 年,胡集村区改为胡集公社,胡集村为公社驻地。1984 年,胡集公社改称“胡集镇”,胡集村为镇政府驻地,并一直延续至今。[①]

受资料记载所限,清中叶之前胡集村的相关情况不得而知。乾隆四十七年(1782 年)《惠民县志》创修,其中始见有关胡集村的记载。“镇凡十有六,有集者七,亦各有期,然皆一集一期,不若城内关厢之逐日分地轮设也”,“胡家集,逢二七”,“有司贴”。[②] 另据乾隆《惠民县志》卷首《惠民县总图》所载,在纲字号下独注有“胡家集”的名字。这说明迟至清乾隆年间,胡集村已成为一个非常重要的地方。光绪《惠民县志》延续了乾隆《惠民县志》有关胡集村的相关记载,即重要的在镇集市、属纲字约等。而到 1936 年成稿的《续修惠民县志》[③],有关胡集村的记载开始大量出现。从这些记载可知,当时的胡集村为区公所驻地,“第七区区公所,在城东南胡家集,借庙产公修房二十四间”。1933 年,由县建设局督修的惠清路(惠民县城至清河镇)穿过胡集村,并且胡集村还成为设有电话通话处的 11 个乡镇之一。为防范匪患,胡集村修建了土圩,据《防御设施一览表》可知,在土圩四周还建有 6 个炮楼,在第七区及整个惠民县范围内仅次于谭梁许(10 个,今属魏集镇)、陈家(9 个),是并列排名第三的村庄(王肖家亦为 6 个)。当时仅第七区修建炮楼的村庄就有 33 个,共建炮楼 94 个。1929 年,原本设在魏家集的惠民县县立第一高小被迁往胡集村。[④]

---

① 据胡集村村名碑及韩克顺所著《胡集书会》(第 4～5 页)。韩克顺认为,清代胡集村所属的号、约等应为“和字号”“和字约”,但据乾隆及光绪《惠民县志·惠民县总图》可知,其应为“纲字号”“纲字约”。

② 参见乾隆《惠民县志》卷一之六《集市》。

③ 因抗日战争,本志书未正式出版,现稿本藏于山东省图书馆特藏部。本书此处所参考并引用的民国《续修惠民县志》,为胡集村村民胡希文所收藏(由其父辈留存而来),不过仅有卷二、三、四,并非全本。此收藏本的存在说明,民国《续修惠民县志》稿本完成后,地方上收藏了一部分。

④ 参见民国《续修惠民县志》卷二《营建志》。

作为富庶之地，为维护社会治安，从民国初年开始，胡集村就一直有驻军存在。1912 年 10 月，山东巡防营 300 多人进驻惠民县，其中营部和一连驻县城，二连驻清河，三连即驻扎在胡集村。1914 年，山东巡防团接山东巡防营驻防惠民，共 1000 人，下辖 3 个营，其中三营三连驻胡集村。到 1920 年，第七混成旅二团接防，仍由三连驻扎胡集村，直到 1926 年撤离。①

1937 年 7 月 7 日，日本全面侵华开始(当地人称为“事变”)，于 11 月 11 日占领惠民县城。胡集村是整个惠民县的金融中枢，日军最初打算在此驻军，并将地点选在了村南头圆圆湾边的一个高地上。因担心日军进驻会对村子造成巨大破坏，村里的绅董们立即凑了一笔钱，并托人向清河镇一个名为曹营(音)的人说情——当时他担任日军的翻译，据说日军就是由他领着进入惠民县的。最终在曹营的说合下，日军将据点安在了胡集村西边的张标家村(今属清河镇)，这使张标家村大受其害；相反，胡集村却没有受到大的破坏。由于共产党、国民党及侵华日军在惠民胡集村等地多方拉锯、相互交杂，因此当时的胡集村既有共产党的地下党组织，也有日伪军的政府机构设置——大家都不约而同地看中了胡集村这个富庶之地。

1950 年，根据《土地法大纲》进行土地确权，大部分胡集村村民领到了自己的土地证。此后，为了解决小农生产分散经营的困难，在国家政策的号召下，胡集村开始开展互助合作运动，1951 年建立起多个临时性互助组和长年互助组。1955 年，在互助组的基础上，胡集村又开始建立初级农业生产合作社，1956 年又迅速发展为高级农业生产合作社。1958 年，胡集人民公社成立，实行公社统一经营、统一核算；1959 年，将以人民公社为一级核算单位改为以生产大队为核算单位，胡集生产大队下分 7 个生产队；1962 年又改生产队为基本核算单位，即“三级所有，队为基础”。1958 年，“大炼钢铁”运动开始，提出要“赶英超美”“跑步进入共产主义”，村民实行军事化管理，进行大兵团作战，成年男性与女性分别集中到不同的地方开展大生产运动，儿童则被送到托儿所，致使正常的家庭生活完全被打散。1958 年底，胡集村还办起了公共食堂，定量发放饭票。一开始是 1 个月发 1 次饭票，但很快就吃完了，后改为 10 天发 1 次。在此期间，村里的粮食全部上缴给集体，不允许私存。

① 参见韩克顺:《胡集书会》，第 18～19 页。

1958年农业大丰收，但由于“大炼钢铁”“实行共产主义”，人们对粮食都不爱惜：地瓜成堆地堆在地里没人管，最后全都烂在了地里；棉花也没人去摘，最终都变成了烂棉絮。到1959年，很多土地更是无人耕种，地里荒草一片。但很快，“三年自然灾害”开始了——胡集人将这段时间称为“挨饿的时候”，粮食不足，人们开始挨饿，胡集公社只能从江浙一带调拨粮食，每人的定量由6两（300克）降低为4两（200克），随后又降为2两（100克），到最后2两也无法保证，致使1960年上半年公共食堂最终停办。因为饥饿，学校也停办了。为了填饱肚子，村民只好大量食用野菜以及槐树、柳树的叶子、树皮等。很快野菜被吃光了，树皮也被扒光了，村民开始吃草种。大量人口被饿死，而活着的人饿得连抬死尸的力气都没有；小孩子饿得肚子胀起来，身上的血管清晰可见，躺在那里一动不动。村民回忆道：“饿死了很多人，饿得人抬不动担架”，“俺这个村，那时候一年得死个一二百口子人”。[①] 迫于形势压力，1960年下半年，村里开始给村民分自留地，每人2分地；另外就是饲料地，一头猪分半亩地，一只羊分3分地。因为当年分地时已错过了种植庄稼的时节，所以村民就大量种萝卜。因土地闲置了一年多未种庄稼，地力较强，使得当年萝卜大丰收。当时，人们顿顿吃萝卜——除了白萝卜就是胡萝卜，虽然“吃得够够的”，但总算保住了命。1961年，情况开始好转，1962年下半年停办的学校又开始重新招收学生。

1966年“文化大革命”开始，很快武斗之风在各地兴起，胡集村自然也是无法避免。1976年“文化大革命”结束。1978年的一个冬夜，安徽省凤阳县小岗村的18位农民按下手印，搞起“包产到户”，由此拉开了家庭联产承包责任制的序幕。1980年，胡集村开始进行试验性分地，即将土地以出租的形式分给各个家庭耕种，秋收后再上交一定量的粮食。1981年，在试验性分地的基础上，又实行了彻底的分地政策，即将土地完全分给各家各户进行耕种。土地包产到户后，人们的生产积极性获得了极大提高，生活水平有了明显好转。改革开放政策的实行，则重新激发了胡集村的商业活力，使村落经济获得了快速发展，加之镇政府驻地的区位优势，胡集村由此掀开了新的历史篇章。

---

① 胡希文，男，胡集村人。访谈时间：2017年3月24日下午。

二、“坐地胡”与“迁入胡”

胡集村是一个典型的杂姓村。全盛时期，全村共有胡、李、韩、赵、王、刘、曹、姜、张、尹、董、林等将近30个姓氏。而之所以有如此多的姓氏，与胡集村的商贸发展有直接关系。大量外地人来胡集经商，时间一久，多数外地人就入了胡集村籍，在村内定居下来。村民胡希文说：

小姓，除了胡、李、韩，都是因为做买卖落户到胡集的。姓张的来这儿做买卖，做得挺好，人也和气，不久就买了个宅子，落了户。①

在胡集人看来，这正说明了他们的广阔胸怀，即不欺生，对外地人一视同仁、平等相待。在村内访谈过程中，几乎每一个被访谈人都向笔者展示了他们的这一优秀品格。但在有些人看来，姓氏众多也给胡集村带来了不利之处。比如人心不齐，即村民所言：“胡集杂姓多，不齐心。”②

虽然与周边村落相比，胡集村是数一数二的大村，但相比于华北地区其他村落，其人口规模并不算大。据《惠民县志》统计，1985年，胡集村人口为1624人；③2010年，全村为399户、1307人；2017年，全村有380多户、1319人。④ 在全村总人口中，胡姓占绝大多数，达2/3以上。第二大的姓氏为韩姓，约占全村人口的1/4。至于其他姓氏，如赵、王、刘、曹等人口数量有限。除这些地地道道的“本村人”外，胡集村还有大量外来人口。这些外来人口又可分为两类：一类是挂靠人口。作为镇政府驻地，不少在镇上工作的工作人员家属等，就将户口落在了胡集村。虽然如此，村民却并不认为他们就是胡集村人，而是属于“镇”上的人。另一类是到胡集村做生意的人。1985年，胡集镇建镇。按当时胡集镇政府的统一规划，胡集村在村西、村北各开了一条商业街，于是很多胡集村周边村村民便到这里来租房子做生意。尤其是最近几年，随着立强等住宅区的开发与建设，越来越多的外村人来此购买楼房并居住。据粗略估计，这类外来人口约有2000人，甚至超过了胡集村人。

① 胡希文，男，胡集村人。访谈时间：2017年3月24日下午。

② 杨洪明，男，胡集镇皂户杨村人。访谈时间：2017年3月26日上午。

③ 山东省惠民县地方史志编纂委员会编：《惠民县志》，第465页。

④ 数据分别来自时任胡集村村支部书记的胡工岭与村委会主任的胡云平，访谈时间分别为2010年2月26日与2017年3月25日。

胡、李、韩三姓是胡集村最早的三个姓氏。据村民的说法，目前胡集村这三个姓氏的村民，虽各自同属一姓，但却同姓不同宗，也就是说并非同一个祖先的后代，而是有"坐地"与"迁入"之分。按当地人的说法，即"不是一个老爷爷传下来的"，"不是一家子"。比如，同为胡姓，却有"坐地胡"与"迁入胡"之分。[①] 其中"坐地"者为土著居民，"迁入"者是洪武年间由河北枣强等地迁来至此的。也就是说，在洪武年间之前，实际上已有人在此居住了。

各姓、各宗迁入胡集村的时间不一。"迁入胡""迁入韩"迁入胡集村的时间为明洪武年间。据村民说，之所以要从河北枣强往山东移民，是因为洪武年间胡大海血洗山东，把人基本上都杀光了。朱元璋认为山东不能无人"把守"，于是就从河北枣强将人迁移了过来。而最终让他们落户到胡集村，是因为胡集村已有胡、韩姓氏在此居住，而天下同姓是一家，因此更容易被接纳与立足。其中，"迁入韩"的始祖为韩龙、韩虎亲兄弟俩。至于"坐地韩"，何时迁入胡集村、始祖是谁，不得而知。"坐地李"亦同样如此，只知是村里的老户，但何时迁入、始祖是谁，亦不可知。相比之下，"迁入李"进入胡集村的时间则很晚，是大约100年前才从周边村庄搬迁过来的。如今，"坐地李"在村里只剩下了一家，一位60多岁的老人，没有儿女。"迁入李"主要居住在村南圆圆湾与长长湾附近，因近旁李姓多，故名"李家园子"。由于附近居住人口比较稀少，空间较为开阔，由此成为20世纪80年代以前胡集书会的主要举行地。其他姓氏，如刘姓、王姓、曹姓、张姓等，都是最近一两百年内因做生意而从周边其他村庄迁入胡集村的。其中赵姓，由胡集村南边的花赵村迁来；张姓，由黄河以南的某个村庄迁来，目前只有三代人左右；王姓，由樊家（今属惠民县清河镇）迁来，至今只有四代人左右。

作为胡集村最主要的姓氏，"坐地胡"与"迁入胡"合计人口约为800人，其中"迁入胡"又占绝对多数，有600多人。相比之下，"坐地胡"只有不足40户、170人，主要分布在村子的最北头。在全村7个生产队（村民小组）中，六、七两队即主要由"坐地胡"构成。作为同姓不同宗的两个家族，为了便于交流，双方排定了彼此之间的辈分关系，如"坐地胡"的"美""希"两辈，即相当于"迁入胡"的"统""云"两辈。"迁入胡"最早过来的先祖名叫胡达吉。他到

---

① 这种情况在胡集村周边村落比较普遍，如胡集村西北方向的道口张村，虽同为张姓，却并非一个始祖，并且两支过"八月十五"的日子都不一样，一支过"八月十四"，一支过"八月十五"。

胡集村定居之后，堂兄弟胡昆、胡仑也从枣强迁了过来，再到后来，胡达吉的兄弟胡达和也迁来此地。现在的“迁入胡”，共有南、北五大院，即 5 个分支。[①] 也就是说，今天胡集村“迁入胡”的始祖，实际上并非如村名碑中所说的那样只有胡达吉一人。据村民讲，早年在“坐地胡”的祖坟内有一个非常大的坟墓。坟墓里建有墓道，墓室也非常宽敞，小孩子们经常在里面玩捉迷藏。坟墓旁立有一通石碑（谱碑），该碑比较详细地记载了“坐地胡”的迁徙与分支之事，但可惜的是“文化大革命”时期被毁坏了。

据清同治二年（1863 年）纂修的“坐地胡”《胡氏世谱》[②]记载可知，“坐地胡”迁入胡集村的时间为明成化年间，始祖为胡明武：

> 尝闻万物本乎天，人本乎祖。祖也者，固合一姓，尊卑长幼所从出也。尊祖故敬宗，敬宗故收族，自古及今，莫之能易。吾始祖讳明武，初授承事郎，因成化大乱，兄居故里，弟奔他乡。生子英崑、英魁、英元，积德累仁，忠厚传家，子孙之蕃衍有自，不啻路人……大清同治二年甲寅月戊午日丙辰时谷旦，九世孙宗周、宗杰谨识。

对此说法，村民胡希文并不认同。他认为，“坐地胡”迁入胡集村的时间要远早于明成化年间，不然何来“坐地”之说。具体来说，他认为“坐地胡”迁入胡集村的时间应为春秋战国时期，即胡集村初立村的时间。而同治《胡氏世谱》，实际上只是个“半截谱”，其中虽有“始祖”之说，但并非指他们最早迁入胡集村的祖先，而只是明成化年间的一个祖先而已。至于谱中所记载的“兄居故里，弟奔他乡”，并不是说他们由外地迁入胡集，而是从胡集迁往外地，即因“成化大乱”，“兄”胡明武留在了胡集村，“弟”则去了他处。

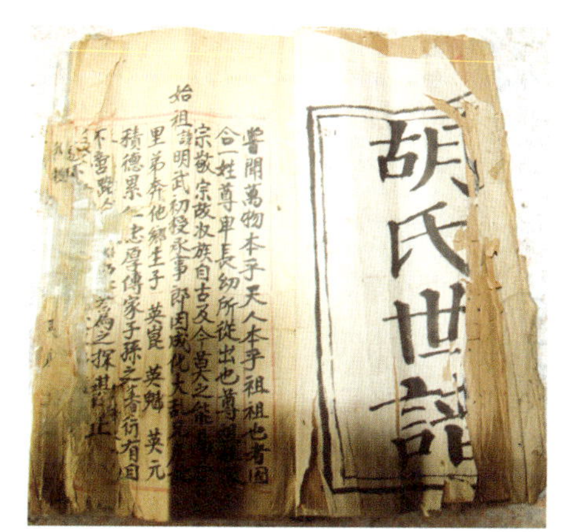

胡氏世谱

至于“成化大乱”，即导致“弟”迁移他处的原因，据胡希文所说，其先祖

① 胡希文，男，胡集村人。访谈时间：2017 年 3 月 24 日下午。

② 由于年代久远，同治《胡氏世谱》已破烂不堪，只余五六页尚清晰可读。

为监察御史，与其他几位官员联合参奏当朝丞相，结果不仅没“参倒”，反而入了监狱，还要株连九族，于是他赶忙派人回家传递消息。得此消息后，家人赶紧将族谱烧掉，开始连夜外逃。[①] 2000 年的某一天，四位莱芜寨里人来到胡集寻亲问祖，说他们是由胡集十字街以西迁到今莱芜居住地的（辗转了三次）。据其先祖传下来的说法，其祖上曾官至陕西布政使，但后来不知犯了什么错误，出了事，只好逃离老家迁到了此处。胡希文认为，这坐实了“兄居故里，弟居他乡”发生在胡集的说法，即迁到莱芜的为“弟”，留居胡集的为“兄”。

不管何时、出于何种原因，也不管是“坐地胡”还是“迁入胡”，迁到胡集村之后，都很快开枝散叶，繁衍了一众族人，并进行了各自的宗族建设。首先，两个同姓家族都修建了各自的家庙。“坐地胡”的家庙即村内的最大庙宇真武庙，其中供奉有阖族的祖先，以前过年时，整个家族的成年男性都会前往祭拜。“迁入胡”的家庙名为“万古堂”，位于胡集村原南北商业街老村委会以南路东处。民国时期，万古堂曾经住过红枪会。中华人民共和国成立以后，万古堂被政府征用，成为政府机构驻地。1978 年，镇政府迁出老村后，万古堂又被卖给了一户韩姓人家，成为村民住宅。其次是家谱的纂修。“坐地胡”的家谱，即上述修于同治二年（1863 年）的《胡氏世谱》，从现存的谱序来看，这很可能是他们修的第一部家谱。按惯例，后世所修族谱，通常会收入前世所修族谱之序言，但《胡氏世谱》只有一篇序言，这说明他们此前应该并未修过家谱。同治修谱之后，很长时间内都未再续修。直到 20 世纪 70 年代末，胡明武十三世孙胡希文决定重续宗谱，并于 1986 年 2 月 23 日（农历正月十五）做了一个简单的记叙本。此后胡希文又多方搜求，到处托人找、托人问，还亲自到惠民县辛店镇棉花王等村进行查找、询问，结合同治二年的《胡氏世谱》，最终于 2005 年 2 月份编纂完成了一份简单的《胡氏宗谱》。全谱手写而成，共 15 页，其中谱面（即封面）1 页、序文 3 页、帐谱（即谱系）11

---

① 胡希文，男，胡集村人。访谈时间：2017 年 3 月 24 日下午。在 2010 年的一次访谈中，针对同一件事，胡希文还提供了另一个不同的故事版本。他认为，族谱中所说的“成化大乱”，应与宣德年间（1426～1435 年）汉王朱高煦叛乱有关。其祖上有一人在北京做御史，后回家探亲，发现了汉王（封地即在今惠民县）叛乱的迹象，便连夜赶往北京去汇报，汉王赶紧派人追赶，但没追上，很快皇帝大军兵临城下，汉王兵败被俘。可能是怕汉王报复，所以留居胡集的便赶紧外逃了。

页。与《世谱》相比,《宗谱》增加了有关胡姓来源的相关考证及十世至十三世的具体谱系。在谱序的最后,编纂者写道:

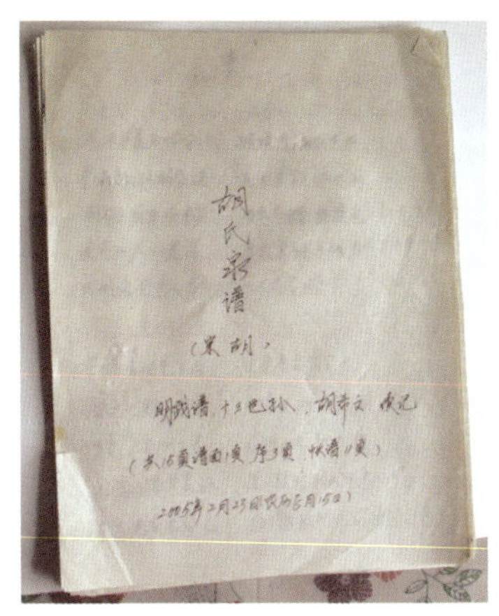

胡氏宗谱

> 我族俗称“坐地胡”,自五帝三王赐姓之后,历经秦皇、汉武、唐宗、宋祖,至明朝,因“成化大乱”(高唐灾乱并生),波及我族,兄居故里,弟奔他乡。我家谱已失,自皇祖明武重续,经明、清、民国至今日,祖支清楚,谱份明白,托祖宗至盛至德,历 3000 年桑沧变迁(自胡公满始),宗族兴旺,人口众多。为光前启后,传承祖志,恩衍子孙,广含圣意……谨续同治年间宗谱,明告子孙万代:谱乃祖也,祖乃本也,不管经历桑沧何事,决不失谱背祖。切切谨记。

“迁入胡”据说也曾修过族谱,但“文化大革命”时期被桓台县田庄镇胡家庄(与胡集村的直线距离有七八十公里)的胡姓族人偷走了。据说,胡家庄与胡集村的胡姓先祖,本为同宗兄弟,其中胡集村的先祖为老大,胡家庄的先祖为老二,两人一起由枣强迁于此,只是分别居于两地。因此,两族之间多有往来。“挨饿的时候”(即“三年自然灾害”时期),胡家庄的书记来到胡集村,要求重续宗谱。适值“三年自然灾害”期间,人们连基本的生活都无法保障,于是时任胡集村书记便对从胡家庄来的人说,“啥时候了,还续谱”。将人安排到祠堂万古堂之后,又把族谱拿出来,便不再搭理他们了。胡家庄人很生气,于是就拿着族谱偷偷“跑了”。① 失去了族谱凭据,各“院”(家支)之间的亲疏远近不再明晰,辈分字也无法续下去,于是 2004 年村里专门派人前往桓台胡家庄查看老族谱,确定了二十一世至五十世的辈分字,并专门编纂了《胡氏家谱世族》(打印稿,共 3 页),以传之久远。其言曰:“本世族家谱,

---

① 关于“族谱被偷”一事,还有另一个版本的说法。胡集村与桓台胡家庄的胡姓本为同宗,其中胡集村的先祖为老大,胡家庄的先祖为老二。由于胡集村为老大,所以长期以来家谱一直在此保管。一天,一位妇人将家谱拿出来哄孩子玩,结果被一位来胡集赶集的桓台胡家庄胡姓族人看到了。他看到家谱竟然被用来哄孩子玩,也太不重视了,于是就将家谱带走了。(胡玉田,男,胡集村村民。访谈时间:2011 年 2 月 17 日晚上)

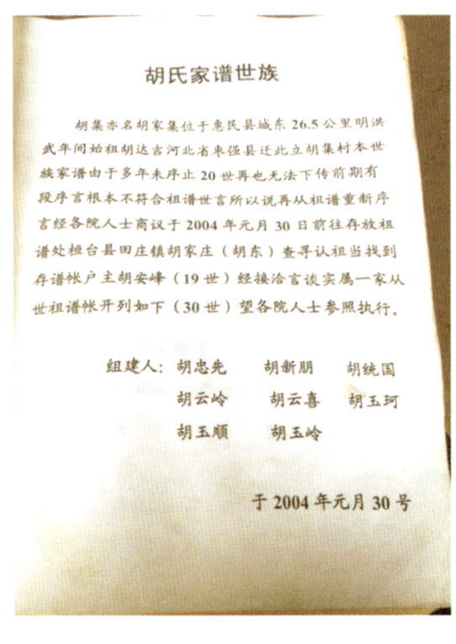

胡氏家谱世族

胡集亦名胡家集位于惠民县城东 26.5 公里明洪武年间始祖胡达吉河北省枣强县迁此立胡集村本世族家谱由于多年未序止 20 世再也无法下传前期有段序言根本不符合祖谱世言所以说再从祖谱重新序言经各院人士商议于 2004 年元月 30 日前往存放祖谱处桓台县田庄镇胡家庄（胡东）查寻认祖当找到存谱帐户主胡安峰（19 世）经接洽言谈实属一家从世祖谱帐开列如下（30 世）望各院人士参照执行.

组建人：胡忠先　胡新朋　胡统国　胡云岭　胡云喜　胡玉珂　胡玉顺　胡玉岭

于 2004 年元月 30 号

胡氏家谱世族

由于多年未序，只 20 世，再也无法下传。前期有段序言，根本不符合族谱世言，所以说再从族谱重新序言。经各院人士商议，于 2004 年元月 30 日前往存放族谱处，桓台县田庄镇胡家庄（胡东）查寻认祖。当找到存谱帐户主胡安峰（19 世），经接洽言谈，实属一家。从世祖谱帐，开列如下（30 世），望各院人士参照执行。”[①]据说，当胡集人来到胡家庄时，胡家庄胡氏仍对当年胡集人怠慢他们的事耿耿于怀，最初根本不予接待，虽然当时胡集人带了酒、黄表纸等物品。只是令各院“长老”们失望的是，现在的年轻人给孩子取名字，根本不按辈分字来，而全凭自己的喜好，不管“迁人胡”还是“坐地胡”皆如此。对此，老人们既不满，又无可奈何。“他知道自己姓啥，排个字他根本不听你的。他为啥听你的，自己认为好就行。其实起名字老有学问了。”[②]

胡姓族人迁居胡集村后，随着子孙繁衍，又有很多人由此迁往了别处。比如“坐地胡”，据同治《胡氏世谱》与 2003 年《胡氏宗谱》的记载可知，胡明武五世孙胡士兴“出居口外塔子沟”。塔子沟，即今辽宁省凌源县。2016 年，有位祖上曾居于塔子沟、现居于北京的胡姓族人来到胡集村寻亲，说祖上传下来的说法——老家是惠民县东南胡集村的，于是他趁到青岛开会的机会，专程来到胡集村寻根问祖。这印证了《胡氏世谱》中“出居口外塔子沟”说法的真实性。此外，七世孙胡长员、九世孙胡宗寿“出居棉花王”。棉花王，今属惠民县辛店乡，距胡集村直线距离不足 10 公里。为纂修《胡氏宗谱》，胡希文曾两次前往该村，发现胡姓在此村只有一位老太太，已完全绝户了。中华人民共和国成立后，尤其是近些年，随着人口流动的日益频繁，越来越多的胡姓族人因学习、工作等而迁居他处。

① 据《胡氏家谱世族》所载，从四世到二十世，同一世的辈分字，最少的两个（四、五、十九、二十世），如四世为“思、怀”，五世为“吉、得”；最多的有十二个，如七世为“守、身、光、极、复、采、可、从、向、遵、心、言”。

② 胡希文，男，胡集村人。访谈时间：2017 年 3 月 24 日下午。

三、曾经的商业与金融中心

历史上，胡集村是一个经济发达之地，尤其是到了清末民初，更是达到了其顶峰时期，被视为惠民县的商业中心与金融中枢。据史载："胡家集以一市村市，握东南数县之金融中心。南通济坯，北通□埕口下洼，均朝发夕至。诚哉为齐北燕南一都会，奚必殷汉王强藩之封"，"南境趋重工商业，在外经营者，往来平津贸易者最多。境内商业中心在胡家集。金融界之消息与城市区通，加以其地宜棉，又宜花生，收获之获利比谷粟较丰，富庶优于西北也"，"握全县金融之中枢"。[①]

胡集村是个富裕之地，据说民国时期拥有百亩以上土地的人家就有几十家，不仅种地，还经商，且以经商为其主业。其实，不仅胡集村，当时胡集村周边地区也都比较富庶，如南距胡集 4 公里的魏集，就有"协增""协和"等著名商号，至今仍有被称为"山东三大地主庄园"之一的魏氏庄园。另外，丁河圈（魏集镇）的"丁三义"、任陈的陈家、成官庄的成家、王肖的王家等，也都是比较富裕的地主兼商人。而他们的店铺，又大都集中在胡集村。据说，当时的胡集村号称有 72 家店铺，其中仅钱庄就有十几家。[②]

胡集村的商业店铺涉及多个领域，如衣食住行、医药、金融等。如在饮食方面，有香油坊、榨油坊、馒头（俗称"馍馍"）房、包子铺、水饺店、面馆、火烧铺、锅饼铺、肉铺、熟食店（牛、羊、猪下水及肉制品）、海货店等。由于有两条通往利津刁口和沾化下洼的大道，且能"朝发夕至"，因此当时还有各种沿街售卖的海货，如虾皮、虾酱、螃蟹、鱼等。此外还有各种酒楼、小吃店，如坐落在村十字街东北的北馆，主要经营小笼蒸包，方圆几十里都非常有名。另外还有好几家酱园，专门生产、销售各种武定府酱菜系列。抗美援朝时期，胡集村生产的酱菜，还被运到朝鲜前线，作为慰问品慰劳志愿军战士。[③]

在生活用品方面，除各种茶庄、点心铺等之外，尤以各种杂货铺居多，兼

① 参见民国《续修惠民县志》卷一《地域志・乡镇》、卷二《营建志》、卷十《产业志》。

② 参见韩克顺：《胡集书会》，第 13 页。

③ 抗美援朝时期，胡集区（包括今胡集与魏集两镇）有 300 多人参战，40 多人牺牲了在朝鲜战场上，其中胡集村有 4 人，分别是胡朋儒、姜思川、韩秀岭和胡延良。（参见韩克顺：《胡集书会》，第 14 页）

营油、盐、酱、醋、茶、烟及煤油、火柴、针头线脑、剪刀、眼镜、玩具等。还有三四家文具店,经营笔墨纸砚等。此外还有估衣店、寿衣店、棺材铺等。

在生产用品方面,有铁匠铺、木匠房、农具修造坊等。当地俗话说:“短铁匠,长木匠。”铁匠是把短小的铁拉长或放大,然后做成各种器具,如镰刀、镐头、铁锨等;木匠则正相反,根据需要,将长长、粗粗的木料越截越短,越刨越细,直到做成各种有用的物品。

另外,胡集村还曾有中合堂、恒济堂、惠济、惠善等中药铺,还有一个小的西医诊所。南街路东的一个中药铺,为二层砖楼,后改建为兽医站。惠民县城一位尹姓居民在胡集村开中药铺并随后在胡集落了户,他的闺女也嫁给了胡集人。“文化大革命”初期,尹家中药铺的房子还存在,后被改建为公社的食品站。

历史上,胡集村是一个重要的商业中心,往来客商、人员多,流通的货物也多,由为此催生了发达的交通运输业。1949 年以前,没有现代化的运输工具,只有手推车、马车等,由此在胡集产生了许多客栈、车马店等,如张家店、赵家店、韩家店、曹家店、姜家店、李家店、二月子店、麦秋子店、胡家店、家银店等。这些店,既有胡集人开的,也有外村人开的,外村人的后人很多在胡集落了户,由此使胡集村的外姓人口大大增加。由于车马运输业的发达,胡集村有了加工生产车马挽具的传统,有一些匠人专门生产牲口拉的木轮车或胶轮车上的长套、鞍鞯以及赶牲口用的鞭子等。如今随着机动车等交通运输业的发达,木轮车、胶轮车早已退出了历史舞台,车马挽具业也逐渐消失了。

在胡集村所有的传统店铺、行当中,最具代表性的,则非当铺、钱庄业莫属,这也是胡集村被称为“金融中心”的最主要原因。旧时,胡集村有多家当铺,每家当铺的横梁上都挂着一个约 1 平方米大小的圆形“当”字,柜台里面贴着各类物品典当的价格明细表。前来典当的,既有富裕人家,也有贫苦之人;典当的物品有珠宝、金银、首饰、古董、旧书、名画、衣服鞋帽、家具、瓷器等。收当的物品,若典当契约到期而当主无力赎回时,可通过协商议价将物品卖给当铺。旧时的钱庄票号,类似于今天的银行,据村里老人回忆,最兴盛的时候有一二十家,其中比较著名的有通源茂、福祥昌、和圣祥等。这些票号大多建立于清朝中期,号内均设有记账先生、放贷人、收贷人等,货币形式有金银元宝、铜板、制钱、纸币等。一般钱庄主要是放贷，规模大的钱庄还与外地钱庄合作，进行汇兑业务。有的钱庄还印有自己的票子，如和圣祥的票子，呈浅红色，且有各种面额。

曹家店

各行各业的店铺，主要分布在村内的东西、南北两条商业街上（可参见本书第 25 页“20 世纪 30～50 年代胡集村布局示意图”）。如今，在胡集村老村的南北大街上，仍有多家传统商铺存在，如曹家店、胡家老店、张家店、韩家面馆等。宽大的木门、前突的临街厦檐、木制的廊柱，仍在诉说着胡集当年的繁华。这些商铺的铺面建筑，主要有以下几种形式：

单间，即靠街的一大间房子，安装有木头门板，可拆卸，卸下门板，柜体即露了出来。在柜台和柜台后面的货架上摆放着各种货物，一侧有一开口，以方便主人进出。货架后面的一点空间，一般会放一张床，以供晚上休息之用。这样的店铺，均属小本生意，通常为一人店或夫妻店。

二层楼，临街两间或三间，上、下两层：一楼为经营场所，二楼存放货物或住人。这种楼宇式商铺，没有临街平房那样的前出厦，门开得也比较小，但内部空间宽敞，人员走动自如。门虽小，却往往厚重结实，安全性较高。票号钱庄和当铺，往往采用这种建筑形式。

四合院，临街三间或四间，前出厦，有廊柱，后面是一个四合院。正房由主人或大掌柜居住，偏房住店员伙计或用作仓库。临街房的一侧开有一大门，直通四合院。为进出货物方便，大门通常较为宽大，以便进出手推车等。进柜台的门则不大，但房内比较宽敞，顾客和经营者都可活动自如。门一侧往往会有一个镶着铁棂的窗口，方便晚上关闭大门后营业。这样的店铺，一般都是比较大的杂货店或药铺，晚上通常都会有人买生活用品或为急症病人买药等。

车马店，临街最少有三大间，门非常大，几乎占据一间房子，两旁各有半扇木门，中间则是可拆卸的大门板，平时开半扇门，来了马车，即把大门板卸下，以方便马车进入。沿街房一间盘有火炉和土炕，再放些简单的炊具，主人便可住在这里，一来看门，二来方便晚上接待来客。另有一间则摆有桌子和凳子，以供客人吃饭之用。沿街房向里为一处大院落，堂屋、东屋或西屋等盘有土炕，供客人休息用。一般没有铺盖、只有土炕的，称为“干打房”。院子的南端往往是敞棚，架有牲口槽。马车停在院子里面，一般可停三五辆。[①]

作为经济发达之地，胡集村还诞生了惠民县历史上最早由人民政府领导的、全县范围的供销合作社（人民政府组织、领导的第一个合作社为孙家庙合作社，成立于 1946 年 3 月）。1946 年 9 月，渤海银行（中共渤海行署所属的银行）拨付资金北海币 400 万元，县人民政府拨付大豆 1.5 万公斤，在胡集村建立了惠民县生产推进社，主要业务为收购粮食、土布、土线并加工子弹袋、裹腿带等支援前线，同时将棉花、火柴、煤油等运销到商河、济南等地，再购进日用品在本县销售。直到 1949 年 1 月，推进社才改迁至惠民县城。中华人民共和国成立后，1950 年惠民县政府设立了工商科，统管全县的市场管理工作。工商科下设三处市场交易管理所，其中一处即位于胡集村（另两处位于惠城、李庄）。[②] 这都充分说明了胡集村的重要经济地位。

整体言之，中华人民共和国成立后，受历次政治、经济与社会运动的影响，如社会主义改造、公私合营、大炼钢铁、“以粮为纲”“文化大革命”“割资本主义尾巴”等，胡集村的经济发展，尤其是商业发展受到了很大影响。虽然

---

① 参见韩克顺：《胡集书会》，第 13～18 页。

② 参见山东省惠民县地方史志编纂委员会：《惠民县志》，第 270、354 页。

作为镇政府驻地，与周边其他村落相比，胡集村的经济发展仍具有一定的优势，但曾经的商业中心、金融中枢地位一去不复返。在此过程中，东西、南北商业街上的大量店铺，也被改造成了供销社、饭店、酱菜门市部及银行、邮局等政府机构与部门。直到1978年之后，随着改革开放与家庭联产承包责任制的实行，尤其是20世纪90年代之后新的南北、东西商业街的规划与建立，胡集人体内的商业基因才重新被激发，胡集村的经济发展才随之兴盛起来。

当前，胡集村共1300多人，可大体分为三类：一类主要是做买卖的，从事商业活动；一类在工厂上班；还有一类从事其他工作或活动者。据村委会主任胡云平估计，这三类人各占总人口的1/3左右。[①] 从事商业活动者，又可分行商与坐商两类。行商者，主要是做各种小买卖，如在集市上摆摊卖水果、蔬菜、炒货等；坐商者，主要是在20世纪90年代之后新开辟的商业街（书会路、政和路、镇艺路、兰芳路、平和路等）门头房内从事商业经营，如饭店、食品、服装、日用百货、家具、建材等行业。其中值得注意的是旅馆业。历史上，受商业发展与往来人口的影响，胡集村曾存在大量的车马店、旅店等，而目前的旅馆业仍是胡集村的重要产业之一。据粗略统计，在现今胡集镇镇政府驻地范围内（包括胡集村与皂户杨两个村庄），就有40多家旅馆，高、中、低档皆有，其中设施齐备、规模较大的有鑫隆、泰山、宏达、红星等。而这40多家宾馆，大多是由胡集人开设的。与其他地区村落不同的是，胡集村的务工人员主要是在本地工厂就业。胡集村及胡集镇政府驻地范围内就有面粉加工厂、木板厂、棉花良种厂、纺织厂、酒厂、密目网厂、混合肥料厂及鲁北农机商城、鲁北二手车交易市场、沙石厂、服装厂、电缆厂等多家企业。[②] 另外，还有魏桥胡集电厂、胡集铝厂、中天食品等大型企业。村内在工厂做工者，主要是指在这些厂矿企业内工作的人，而去往外地务工的人则很少。从事其他工作或活动者，主要是指承包工程或从事大型工程机械出租、运输等的人。胡集村日益繁荣的经济也吸引了大量外来人员，主要有两类：一类是外地来此经商者，大量宾馆的存在就是明证；一类是外地来此务工者。由于有大量外地务工人员，村民胡海军就抓住了商机，在自家的鑫隆商务宾馆内专

① 胡云平，男，胡集村人。访谈时间：2017年3月25日下午。

② 胡集镇金农网：http://www.agri.com.cn/town/371621104000.htm，访问时间：2017年5月12日。

门安排装修了两间婚房，以供外地务工人员租用。女方可提前一天住在这里，第二天男方来此接亲，也可以直接将其作为婚房。据胡海军说，人数最多的时候，一个月会有 8 对新人租用这两间房子。① 这充分说明当地外来务工人员之多。

婚　房

大体与产业发展相对应，胡集村村民收入的主要来源有三种，即经商收入、务工收入与出租收入，在此需要特别说明的是出租收入。20 世纪 90 年代之后，在镇政府的统一规划下，胡集村开发了新商业街，村里每家每户通过竞标（好地段）或分配（一般地段）的形式，获得了至少一处地块，并按照镇政府的统一规划，在上面建造了沿街门头房。这些沿街房，可自家做生意用，但更多的是将其租给了周边村的村民。好地段租赁价格一般一间每年 1 万块钱左右；差一点的地段，通常为 4000～6000 元。一套沿街房，通常为上、下两层共 6 间，出租收入一年最低为 3 万元左右，况且很多人家还不止一套——最多的人家甚至有十几套。因此，仅单纯的房屋出租，胡集村人就能获得不菲的收入。据粗略估计，普通的胡集人家，人均年收入为 2 万元左

① 胡海军，男，胡集村人。访谈时间：2017 年 3 月 25 日上午。

右。[①] 那些“大户”,人均年收入自然就更高了。据保守估计,胡集村年收入接近百万或百万以上的人家至少有 10 家,年收入十几万的人家更是大量存在。因此,就整个村而言,胡集村人均收入还要高得多。相比之下,2016 年,整个惠民县的农村居民人均可支配收入仅为 13190 元。[②]

总之,虽然现在的胡集村已不再具有金融中枢、商业中心的地位,与周边乡镇驻地村落(如魏集、清河等)相比也已不再具有明显的优势,但与大部分村落相比,胡集仍是一个富裕的村落。究竟是什么原因让胡集在长时间内都能商业发达、经济富裕的呢?当地人给出了各种不同的解释:一说与胡集村的风水或地脉有关。“相传明朝立国之后,朱明‘龙脉’从安徽凤阳蜿蜒顺至北京,期间经胡集村而过,因而胡集村有了龙脉之称。也有一种说法认为胡集村东有条商场街,此街直通北京城,很多当地有名的人物都出生于此街,因而此街有了龙脉之称。龙脉的说法传之久远,外地达官贵人和平民百姓,都愿意在胡集走一走,以图沾点灵气,福荫子孙,集市生意从而更为兴盛。”[③]一说与胡集村“牛头棋盘街”(详见本章第四部分)的村落布局有关,因“牛头”正预示了本地生意的“牛气”与红火。一说与胡集人与人为善、不排外有直接关系。如村民讲:

> 咱村遗留下来的风气(好),不排斥外人。为什么胡家集规模大呢?就是因为不排斥外人。如果外头有人在集市上或者平常在村里和咱村里的人有了摩擦,一般讲和的都向着人家。磕着咱的,碰着咱的,都让他走;有什么需要,咱也帮人家的忙。若说打人家,那是不可能的事。做买卖的为什么都租胡家集的房子?因为俺这儿一直有很好的传统。[④]

以上诸因素,可能“确实”对胡集村的商业发展起了一定的作用,但交通区位优势可能才是最重要的原因。胡集村自古交通发达,古时曾有一条官道,南通青州府,北通武定府,且为武定府通往济南、北京的必经之路,另外还有两条通往沾化下洼与利津刁口的大道。如今,则有国道 220 与省道乐胡路分别从村南和村东横跨而过。发达的交通,再加上与人为善的村落风气,

① 胡希文,男,胡集村人。访谈时间:2017 年 3 月 24 日下午。

② 参见惠民县人民政府:《2017 年政府工作报告》,http://www.huimin.gov.cn/art/2017/3/5/art_1642_94360.html,访问时间:2017 年 5 月 12 日。

③ 齐焕美、于建华编著:《图说齐鲁地名文化》,青岛出版社 2013 年版,第 58 页。

④ 胡希文,男,胡集村人。访谈时间:2017 年 3 月 24 日下午。

最终促进了胡集村商业与经济的发展。

胡集人在为本村悠久而繁荣的商业传统与经济发展感到自豪的同时，也充分认识到商业发展给村里带来的诸多不利之处。比如村民胡同利就认为，胡集村之所以人心不齐，就与大家都做买卖有关："这个庄里人心不齐，是因为大家都做买卖。平日里，大家都有活，也叫不起人来，都占着摊子舍不得撒手。"①

另外，商业的发展，使许多胡集村村民仅靠出租房屋就能获得不菲的收入，由此最近几年村里出现了一些游手好闲的年轻人，而经济的发展、社会控制的松弛，使得这批人越来越不好管。

胡集地处黄河下游冲积平原，土壤肥沃，气候温和，适宜各类粮食作物及瓜果蔬菜的生长，具备农业发展的优良条件。但受商业传统的影响，除"生产队"时期外，长期以来农业一直不是胡集村的主要产业，这与绝大多数传统村庄大为不同。虽然解放以前，胡集村占地百亩以上的地主就有几十家，但农业却并非他们的主业。胡集村原有土地1400多亩，以前主要种植谷子、高粱、小麦、地瓜、棉花等作物，现在则主要种植玉米与小麦，粮食基本能自给。随着经济的发展，近些年来越来越多的土地被开发为商业街、门头房、厂房等；作为镇政府驻地，镇政府亦征用或租用了胡集村的大量土地，总计将近1000亩，因此，胡集村目前剩余的可耕地并不多。另外，人们对农业生产也越来越不重视，认为种地既浪费时间，又获利不高，远没有做买卖、进厂务工等"划算"。所以除个别人家、个别老年人外，现在胡集村已基本没有种地的了。

四、牛头棋盘街

胡集村老村的村落布局，有"牛头身子棋盘街"之说。所谓牛头，指的是真武庙，位于村子的最北端，正冲着村里的南北大街。真武庙的东、西两侧，各有一条小街道，并连接着南北大街，这两条小街道即牛角。棋盘街，是指村内的街道布局有多条东西及南北道如同棋盘一样。村内主要的道路有四

① 胡同利，男，胡集村人。访谈时间：2017年3月25日上午。

条，即北小街（东西向）、南小街（整体为东西向）、南北商业街与东西商业街，以前各种店铺、当铺、钱庄、车马店、粮店等也主要分布于这四条街道上。其中，南北街又是最主要的商业街，整条街道长800多米、宽四五米。这条商业街最为兴盛的时期，共有40多家的店铺、商号等分布于街道两侧，至今仍可见到曹家店、胡家老店等店铺遗存。“迁入胡”的家庙万古堂亦在这条街道上。

原南北商业街

村内主要街道布局为两条十字街，即北小十字街与南大十字街。北小十字街位于真武庙以南约100米处，即北小街与南北商业街交汇所形成的十字街。村北为胡集村的起首之处，最早迁入的居民即在此居住，并逐渐形成了现在的小十字街。此后随着本地人口的繁衍与外来人口的陆续迁入，整个村落开始逐步向南发展，逐渐形成南大十字街，即东西商业街与南北商业街交汇所形成的十字街，并最终成为整个村落的中心所在，胡集村老村委会即位于此十字街的东南角。南北与东西街道的交汇，使胡集村的街道呈“丰”字形布局。

在村落的西部，有一条河沟穿越而过，村民称之为“长长湾”。在村子的西南角、南北商业街的西侧，还有一处圆形池塘，村民称之为“圆圆湾”。两湾为黄河于吴家漾决口时冲决而成，常夏秋积水，冬春干涸。在长长湾与圆

圆湾的西侧，有 3 处高低不等、大小不一的打麦场，村民俗称之为“场院”，即打麦、收秋、晾晒粮食的地方。在中间场院内曾有一棵大槐树，平日集市时说书艺人就于树下摆摊卖艺。胡集书会期间，前来说书艺人增多，场院容纳不下，长长湾、圆圆湾湾底亦成为说书之地。两湾附近主要由李家人居住，故又名“李家园子”。但由于此处居住人口稀少，也不繁华，虽然也有街道由此经过（即南小街），并与南北商业街形成一条十字街，但村民却并不认同此处十字街的存在。

在村落东北角，小十字街以东、北小街以北，为村里的小学所在地。这所学校很是特别，始建于 1929 年，为当时的惠民县县立第一小学——这也从侧面说明了当时胡集村的繁华。不过，这一小学最初并非建于胡集村，而是由魏家集（即今魏集镇驻地）迁建于此。对此，民国《续修惠民县志》有比较详细的记载：

> 胡家集偏居县境东南，距邑城五十余里，又握全县金融之中枢，久有建设学校之必要。中华民国二年，绅董卢本汉、魏冠五、崔攀庚、周煦臣等，竭力经营，在魏家集成立高等小学校。校已开办一年，因常款悉以胡家集毛行之分税，民国三年，被县知事黄盛元将该款提为己有，致使学校停办二十余年。至民国十八年，又议复兴，困于筹款，议将第一高小迁胡家集，俾免一方学者向隅。建筑费由区自筹，蒙县长齐问渠首捐四百元，以提倡纲区绅董王振统、李翰屏、朱维增、曹光岭、丁曰亭等，捐助发还电杆之款，使区绅董张子谦、王增祥等，与各村协商醵款，按粮银摊捐，共醵款五千余元，修教室十四间，自习、寝室各十二间，又承十五乡镇长胡统江、成彦堂、宁希圣、魏树銮、范明义、王振路、路玉德、曹善琴、刘凤亭、王守海、马守藩、李墨翰、朱维增、曹光岭、丁曰亭等，捐助发还电杆之款，建筑大门与传达室，并增建校舍，监修人为赵振泉、张希孟，皆热心公益之人也。①

对此，村内亦流传着相关“传说”。当县里决定修建这一小学时，胡集和魏家集两村都想成为小学的所在地，最终被魏五子（音）争了去而落在了魏家集。但由于经费紧缺，甚至连老师工资也发不出来，学校很快就陷入了停

① 民国《续修惠民县志》卷二《营建志·学校建筑》。

办状态。时任惠民县第七区胡集镇镇长的胡统江，便向县里申请将小学移建到胡集村，教师由村里聘用，工资由村里发，不用县里出钱。于是，1929 年小学由魏家集移建到了胡集村。

原惠民县县立第一小学门楼

学校的校门呈“山”字形，坐北朝南，大门为木质，共 6 扇。正门平时紧闭，只有上级领导前来视察时才会打开，平时主要走两边的侧门，两边各有一个传达室。整个学校为四进院落，校门两旁有两排南屋，为学校的伙房与杂物间。第一、二、三进院落的北面中间各建有 3 间大堂屋(北屋)为学生教室，由青砖灰瓦建设而成，并建有歇山式房脊和花格棂的窗户。大堂屋两旁还各有 3 间小堂屋，中间是拱形圆门。第四进院落的北面为大礼堂，共5 间，是学校最大、最高、最具代表性的建筑，也是召开全校师生员工会议的地方，有青砖铺就的小路与前面三进院落相连。① 作为惠民县县立第一小学，这所学校为当时惠民县乃至整个鲁北地区最好的完全高级小学。中华人民共和国成立后，小学被划归胡集区所有，此后陆续成为区中心小学、公社中心小学、镇中心小学等。不过，现在除大门犹存外，民国时期建设的校舍早已不复存在。

在村子的四周，曾分别有 4 座庙宇存在，即村北的真武庙、村南的观音

① 参见韩克顺：《九品乌纱》，作家出版社 2003 年版，第 197 页。

庙、村西的关帝庙与村东的浆水庙(土地庙)。只是,如今这些庙宇早已不存(关于4座庙宇,详见第三章)。

特别值得一提的是,在1931年前后,胡集村修筑了围绕全村的圩子墙(围子墙)。圩子墙修筑的目的有二:一在于防范匪患。“自土匪四起,抢攘不休,人尽感觉兵不足恃,且驻兵愈久,匪滋更盛,咸注重人民自卫,则城镇乡村防御之营建为重要矣。”[①]二在于防范黄河水患。胡集村向南10公里左右即为黄河,历史上黄河频繁决口,对周边地区造成了很大破坏。黄河临近胡集村的区域,有两个容易决口的地点:一是吴家漾,在胡集村以东,决口后水向东流,到达胡集村的主要是漫水,相对而言危害不大。二是白龙湾,在今惠民县清河镇,河道于此忽呈南北走向,并于拐弯处形成一深潭,是历史上著名的黄河险段,素有“开了白龙湾,先冲武定府,后淹阳信县”“开了白龙湾,山东剩一县”的说法。

圩子墙是在胡统江的带领下修筑完成的,此时他已升任为惠民县第七区区长。修建圩子墙需要占用土地,另外墙体的修筑也要用大量泥土,而当时土地全归私人所有,村民都不愿意因修筑圩子墙而占用自己的土地。据村民传说,当时胡统江就找来一头牛,后边套上犁,他在后面扶着犁,撵着牛向前走,不管是谁的地,牛走到哪里就犁到哪里,最终围着村子转了一圈,就按这个修了圩子墙。这次圩子墙也占了许多他家的地,别人自然也就不好再说什么了。

圩子墙全由土夯筑而成,高四五米。为安全起见,又在圩子墙的四周挖了深深的围子壕。圩子墙的四周建有4个门,即东、西、南、北门,分别与东西商业街与南北商业街相连接。由于胡集村村大,商业比较繁荣,为方便村民与来此做生意者的进出,又在东北角、西北角和西南角各开了3个小门,分别与北小街与南小街相通。每个门口都装有厚重的柏木门,类似于古代府州县城的城门,由专人管理,白天打开,晚上关闭。为加强安全管理,除圩子墙四周的大门外,在村内主要的东西与南北商业街,分别安有4个栅栏门,晚上(大约在22点以后)亦会关门上锁。由于栅栏门的存在,即便有歹人进了圩子门也不好出入,这样便大大增加了安全系数,有效地保护了居民与店铺的

---

① 民国《续修惠民县志》卷二《营建志·村镇防御营建》。

安全。另外，圩子墙的四周还建有 6 个炮楼，由驻扎在村子里的军队把守。为防黄河水患，每个门内都屯有很多土。每当水患来临，便关上大门，全村男女老少便纷纷拿着簸箕运土，将其屯在门后，以防洪水漫入村内。

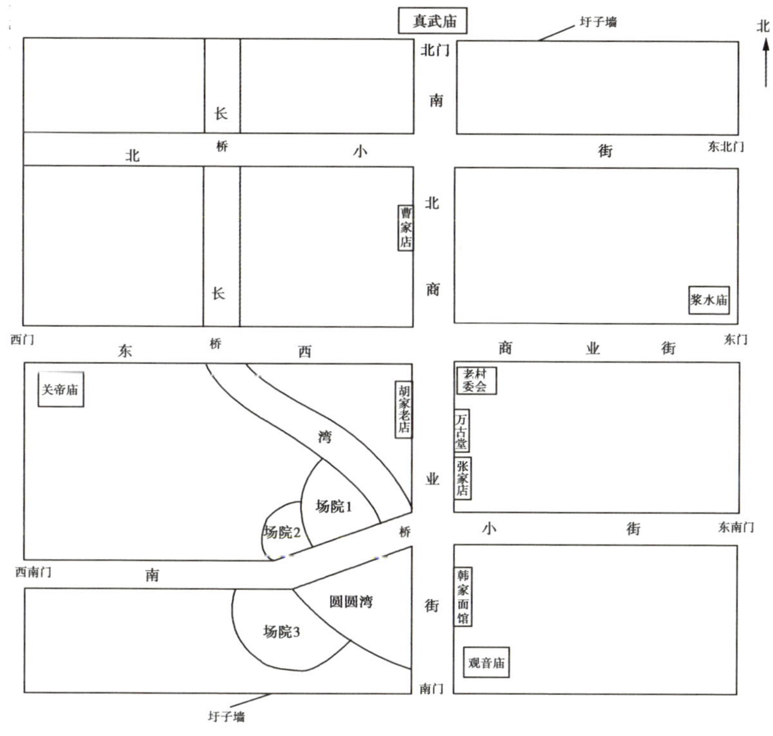

20 世纪 30～50 年代胡集村布局示意图

中华人民共和国成立后，社会治安从根本上实现了好转，同时黄河也得到了有效治理，并未再发生大的水患，圩子墙逐渐失去了其效用。与此同时，作为公社、区政府驻地，各机关建设需要大量用土，居民建房亦需用土，尤其是 1961 年社会形势好转之后，不论公社机关还是居民个人，都纷纷挖取圩子墙以作建设之用，于是到 1966 年“文化大革命”爆发之前，存在了几十年的圩子墙彻底消失了。对此，今天胡集村的一些“有识之士”痛心不已，认为若圩子墙能完整保留下来的话，就会为今天胡集村申请古村落文化遗产提供一个重要依据。

村落布局的实现，需要有相应房屋的建设。胡集地处鲁北平原，附近并无石材可用，因此建房主要是用土。一种是夯土法，即直接夯土为墙。为使

土　墙

墙体更加结实耐用，通常会在土内掺入一定量的柴草再进行夯筑。还有一种方法是先将土做成土坯，等土坯变干后再用其建房。只有少数富豪大户，才会用烧制的黑砖建房。历史上，胡集村所在的鲁北地区，一直有相互帮忙建房的风俗习惯。一家建房，四邻五舍、亲戚朋友等，特别是那些青壮年劳力，都会自发地前来帮忙，无需工钱，只要管饭就可以。若实在管不起亦可回自家吃饭，对此村民之间并无怨言。如果个别家庭条件实在困难，建房时不但有的人干活不吃饭，有时甚至还会凑钱帮忙买建筑材料，或直接送物料。但后来，随着合作化、人民公社化及"三级所有，队为基础"政策的实行，遇有村民建房，人们即使想帮忙也帮不上了。因为人民公社时期，所有劳力由社队统一调配，村民失去了劳作的自主权，做什么工作完全由生产队说了算，一切行动听生产队长指挥。谁家想要建房，首先得请示生产队长，由他来拍板决策，比如能否建房、什么时候建房等。所以，想要建房的人家，往往先要请生产队长吃个饭，不一定大鱼大肉，但意思要表示到。他愿意派谁帮忙就派谁，愿意派多少人就派多少人。这种情况下，传统的互帮互助建房形式消失了。作为主家，你并不需要领干活人的情，而要领生产队长的情，等房建完，拿点礼物——不一定是什么重礼，比如一瓶酒、两盒烟，到生产队长家里表示表示就可以了。至于帮忙干活的人，就不用管他们了，因为他没有帮你干活的权利，就如同你也没有帮他干活的权利一样，如果他要建房，你要去帮忙，还得经过生产队长的同意才行！①

十一届三中全会后，随着土地承包到户，人们有了劳作的自主权，传统

① 参见韩克顺：《九品乌纱》，第 172 页。

的互帮互助建房习俗又恢复了。20 世纪 80 年代初，由于生活水平的好转，村里建房的人家特别多，整个村落的规模大大扩展。当时对新建房屋的要求是："高高的基础矮矮的墙，直直的檩条粗粗的梁，两头锁皮前出厦，苇箔铺顶红瓦房。"[①]20 世纪 90 年代之后，随着经济状况的进一步好转，用烧制的砖块建房的人家日益增多。但与此同时，传统的互帮互助建房习俗却逐渐消失了。如今建房已基本实现了市场化、商品化，由专门的建筑队负责进行，无需邻居们的帮忙。而随着商品房的开发与建设，住房通过购买即可获得，于是自建住房也变得没有必要了。

1978 年之后，随着政策的好转、经济的发展及人口的增长，原来的街道布局已越来越不适应经济发展的需要，如街道狭窄、空间拥挤等。于是，政府机关等率先从村内搬了出去，在现在镇政府大楼所在地（位于胡集村村西）组建了新的政府办公机构。1985 年，胡集镇建镇。20 世纪 90 年代初，为更好地发展经济，胡集镇政府决定对驻镇地域进行重新规划，开辟两条新的商业街，即现在的书会路与政和路、镇艺路。具体操作办法是：镇政府负责设计规划图并规定具体建设标准，比如房子的具体式样、房高、台阶高度等，具体建设则由胡集村与皂户杨村（现胡集镇镇区由胡集与皂户杨两村构成）村民自己进行。按规划，每家每户只要交一定数额的钱，就可以在规划的街道边选择一块地方并建设自己的临街房。当时规划的商业街基本都是农田，人们还没有认识到其中的商业价值。很多人都说，我在家里住得好好的，为何要跑到那里去盖房子？况且每年还要交 750 公斤的粮食。因此，一开始，大家对于在规划好的商业街上建房子的热情并不高，或者说根本就没人要。在此背景下，胡集村六队率先作出响应。队里先划出一块地作为建设用地，再将剩下的土地进行重新分配，这样就不会出现某家的土地被占用多、某家的土地被占用少的情况了。于是经过一番动员，村民开始在规划好的商业街上选择自家的建房用地。选地的基本原则是：好的地段由大家投标，谁出的钱多归谁所有；差的地段，则由大家抓阄，抓到哪块是哪块。由于当时绝大多数人都没有意识到商业街的价值所在，很多人表现不积极。因此，最初在具体数量上并没有限制——只要有钱你就可以买。于是，有些人

① 韩克顺：《九品乌纱》，第 172～173 页。

家就买了两三块，有的人家甚至买了十几块。但此后，随着第一、二期工程建设的进行，人们越来越认识到商业街地块的商业与经济价值，于是地块变得越来越紧俏，想要拿到地块也变得越来越不容易。但无论如何，每家每户最终都在商业街上拿到了属于自己的地块，建设起了自己的临街房。此后，在镇或村的主导下，又陆续规划开发了顺和路、义和路、兰芳路等道路。

随着新的南北（书会路）和东西（政和路、镇艺路）商业街的开发，在两相交叉处又形成了一个新的大十字街，并取代了原村内的南十字街而成为中心之地。新十字街的西北角是镇政府所在地。新商业街的开发建设，使今天的胡集村分成了明显的“新”“旧”两个村，而绝大多数的胡集村住户，在“新”“旧”村内都有自己的住宅。新修的街道上，道路宽敞平整，全为水泥硬化路面，两边房屋整齐、气派，均为上、下两层的临街房，村内的绝大部分人口也都搬迁至此。相比之下，老街则闭塞狭窄，房屋破败，泥土路面一遇雨雪便泥泞不堪，住民基本为老年人。而他们之所以不愿意搬到新街上去住，一方面是不习惯，另一方面则是因为新街上外村人太多，都不认识。有的村民说：“在这里（老街）出来、进去方便，（新街）都是四个庄里的人，不认识。现在街（老街）上净是老头子、老娘子，没有年轻的。”①

书会路指示牌

① 胡海军母亲，女，胡集村人。访谈时间：2017年3月24日下午。

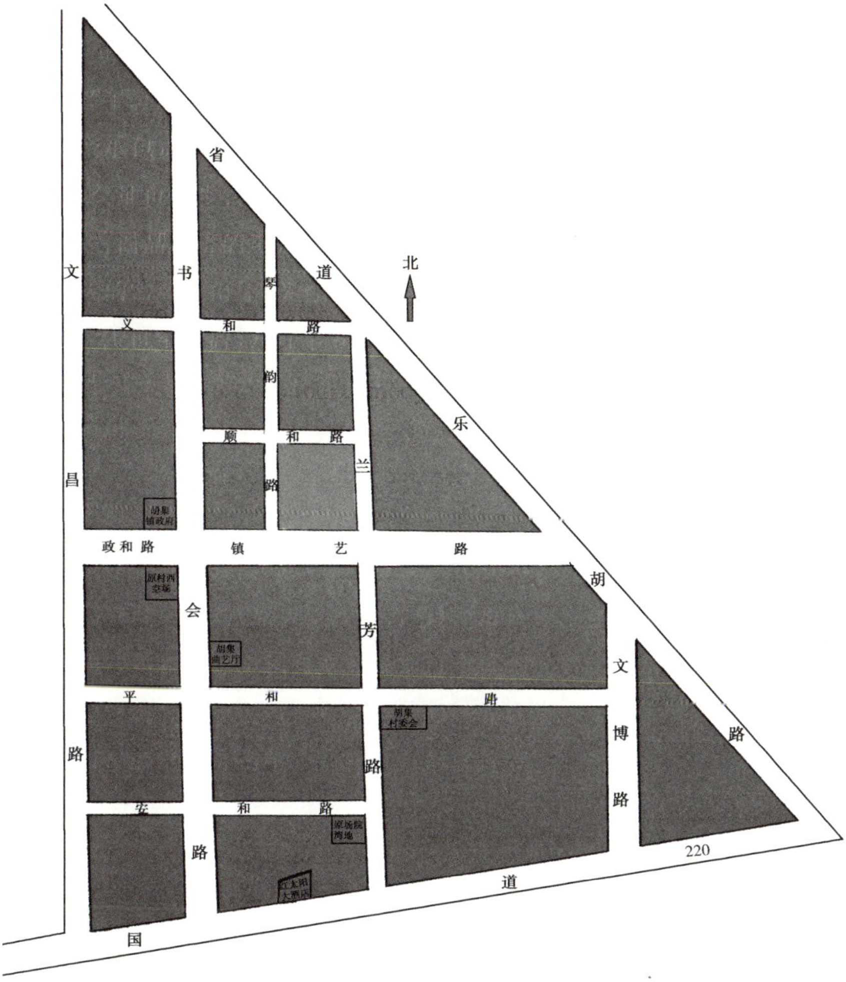

胡集镇镇区布局图

随着新的南北、东西及其他商业街的开发，胡集村村域范围得到大大扩展，如今在空间范围上与皂户杨村已紧密结合在了一起。不过，虽然两个村在地理空间上已紧密联系在一起，但在村民心目中，两个村还是有明确的分界线。大体而言，以政和路、镇艺路为分界线，以南属胡集村，以北属皂户杨村。但从镇艺路向东，镇艺路以北、老供销社所在地以东，亦为胡集村地域范围。另外，作为镇政府驻地，在胡集村村民众心目中，“镇”与“村”也是有明确的区分：政府机构，如镇政府（位于皂户杨村范围内）、农行、工商所等，归

“镇上”所有；其他地方则仍归“村里”所有。如今的胡集村，被夹在国道220与省道乐胡路之间，整体布局呈三角形。其中，国道220从村南而过，虽然总体方向为东西向，但却向东北倾斜，这使很多到胡集村或胡集镇的外人都会产生“掉向”的感觉。正如村民王金玲所说：“国道220是东西向的，又是斜的，到这里的外地人特别容易掉向”，“十个人中八个到这里都会掉向”。①

新商业街的开发，使如今的胡集村被分成了对比明显的两个部分，即“新村”与“老村”。相比于道路宽敞、房屋整洁明亮的新村，老村街道狭窄、道路坑洼、房屋破败。为此，如何改变老村的破败现状，如何对老村进行整治与开发，成为当前胡集人关心的一个重要问题。② 尤其是2016年9月，距胡集村5公里左右的魏集镇魏集村③古村落建设完成并投入运营，使得胡集人大受刺激，甚至有人提出了将胡集书会挪移到魏集古村落举办的建议，更是触痛了胡集人的自尊心。因为在胡集人看来，相较于魏集村，胡集村更应该、也更有资格进行古村落保护与开发。而他们之所以更有资格，就是因为他们有国家级非物质文化遗产“胡集书会”这一金字招牌。对此，很多村民都表达了自己的意见与看法：

> 我们这个古村落，比魏家集强多了。咱是大集的形式，每家每户都有，并不是雇人把集挪进来的。书会在哪里，茶馆在哪里，电影院在哪里，书院在哪里，我们请人设计一下，就可以拿这个东西去(审)批……我们这个书会是中国唯一一家以集市为依托的(此说法不准确——笔者注)，就是靠集市养着它。要是没有集市养着它，单纯指望镇上，就有胡集这个集市，有集市这个收入，也不太现实……看看现在魏集古村落，去年就让人家争了去。
>
> 胡集镇比魏集强多了，至少胡集是四通八达的，交通方便。

---

① 王金玲，女，胡集村人。访谈时间：2017年3月25日上午。

② 2017年3月24日下午，笔者和同事李浩教授在胡集老村南北商业街上溜达、拍照，引起了很多村民的关注——他们认为我们是来考察村落开发的。其中一位村民更是直言不讳地问道：“你看我这院子能给多少钱？”笔者开玩笑说：“多了没有，顶多10元。”该村民也开玩笑说：“5元也行，好歹也算见到钱了啊！”从中可以看出，村民对老村开发问题极为关注，急切地想要见到“效益”。

③ 魏集村也是一个商贸发达之地，现有被称为“山东三大地主庄园”之一的魏集庄园。历史上，魏集村曾为胡集村的“下辖”之地，1971年魏集公社成立，始从胡集村“管辖”范围内脱离出去。由于亦是商贸发达之地，因此历史上两村多有“相争之事”，如民国时期对惠民县县立第一小学校的“竞争”。

（魏集）那个古村落，要是落在胡集，胡集的发展肯定比现在要好得多。[①]

那么应该如何对老村进行开发呢？据村民意见，基本思路是以本村为主体，然后争取地方扶持与国家拨款。具体说，就是以20世纪90年代以后新商业街的开发为例，以本村村民为主体，对老村落进行重新规划与商业开发、建设。一种思路是以一家一户为主体，在老村内规划几条商业街，然后由各家各户按照具体规划、分段进行建设，具体资金来源则由村民个人、地方政府与国家共同承担。如村民胡希文所说：

谁家谁家，一共几间，都事先商定好，政府拿一部分，国家拿一部分，个人再拿一部分，就属于个人的了。这是个买卖，集市在哪里搞，说书的在哪里搞，国家投一部分才行。[②]

另一种思路是建一片集中居住区，将老村村民集中搬迁过去，然后再对每家每户院落进行价值评估，将院落价值与所搬迁楼房进行价值对比，多退少补。居民搬迁后，空出来的地方，开东西、南北两条商业街，每家每户可以平摊地方，自己规划、自己建设；若不愿一家一户投资建设，也可以让个别有能力的村民出资建设。如村民胡云平所讲：

谁有能力，都可以盖上100平方米，按3米×3米一间，也可以拿上钱找补。要是有能力就盖100平方米，没有能力就盖50平方米。镇上让自己当开发商，谁都可以盖。[③]

虽然具体建设思路有所不同，但在有些方面却是一致的，即以村民与村落为主体；建筑必须是仿古样式并以书会为中心展开建设；在以村民、村落为主体的情况下，申请政府与国家的支持。对此，村民胡希文建议：

打开街以后，建说书场。在建设上，不能搞现代建筑，现代建筑遍地都是，不能光看楼，得看真山、真水才行。在这方面，胡集肯定行。

把老村落改造一下，老百姓出钱入股，（然后）政府再拨款、出钱，所有的老百姓多拿钱就多分红，少拿钱就少分红……将刘兰芳说书的地

---

① 胡希文，男，胡集村人；胡海军，男，胡集村人；王金玲，女，胡集村人；胡同利，男，胡集村人。访谈时间：2017年3月24下午、25日上午。

② 胡希文，男，胡集村人。访谈时间：2017年3月24日下午。

③ 胡云平，男，胡集村人。访谈时间：2017年3月25日下午。

方，建成古址。她一年来一回，就能把名声传出去，不挺好的吗？它现在还不是非物质文化遗产，要是不发展、不拾掇根本就不行。外面的人来说书，就得在这里住，布置成古香古色的，就很好。平时来参观旅游的人肯定也会特别多。①

而在争取政府与国家支持方面，可有不同的途径，诸如古村落保护与开发项目、小城镇建设项目、棚户区改造项目等。

① 胡希文，男，胡集村人；王金玲，女，胡集村人。访谈时间：2017年3月24日下午、2017年3月25日上午。

第二章 大集、节日与交流会

时间是万事万物存在的两个基本维度之一，并与每个人的生活息息相关。但是，虽然我们每个人都生活于时间之中，看似对之无比熟悉，但究竟时间的本质为何，却没有几个人能真正说清楚。实际上，人们所能感知的仅是在时间流逝中所发生和进行的事件。也就是说，正是各种各样"事件"的发生，让人们感受到了时间的无处不在。对传统及当下中国的乡村民众来说，诸如集市、节日及一年之中的某些重大事件等，都是人们感知并把握时间生活的重要媒介与标志。对胡集村村民来说，大集、物资交流会、庙会、书会、岁时节日等，都是他们生活中重要的时间节点。下面，我们先对大集、节日与九月十五物资交流会作相关论述。

一、逢二逢七便是集

长期以来，胡集村之所以能成为周边地区数一数二的富裕村庄，并一度成为鲁北的金融与商业中心，与本村的集市——胡集大集有着直接关系。胡集大集设立的具体时间，据胡梅亭老人所说，约为明朝末年①，只是这并没有任何文献资料可佐证。现在所能见到的、有关胡集村的最早记载为清乾

① 胡梅亭，男，胡集村人。访谈时间：2010 年 3 月 1 日。

隆年间。"镇凡十有六，有集者七，亦各有期，然皆一集一期"，"胡家集，逢二七"，"具有司贴"。[①] 这说明至少在乾隆年间，胡集村已成为一个领有政府司贴的重要集市了。到了清末、民国时期，胡集村更是达到了其历史发展的鼎盛时期，"握东南数县之金融中心"。"1912 年全县有大小集市 31 处，较大的集市有惠城大寺集、胡家集、淄角镇集、李家庄集、王判镇集等。上市的商品种类繁多，包括农副产品、手工业品和多种土特产品。一般集市平时五六千人，旺季万人以上。每集粮食上市量达四五万斤，大牲畜几百头，乃至上千头。"[②]

熙攘的胡集大集

总之，长期的历史发展，使胡集村成为惠民乃至整个鲁北地区一个极为重要的集市。这也成为胡集人所引以为傲的事，几乎每一个被访谈的、年龄较大的村民，都会谈及胡集大集的"大"与"重要性"：

以前的胡家集是惠民县最大的一个集，也是鲁北地区最大的一个集。你得记着，过了年的这个集是首集，胡集不开集，其他就都不能开集。现在仍然这样。[③]

其他村的集都很小。全惠民县就是胡集的集最大，这里市场大，做

① 乾隆《惠民县志》卷一之六《集市》。
② 山东省惠民县地方史志编纂委员会编：《惠民县志》，第 292～293 页。
③ 胡希文，男，胡集村人。访谈时间：2010 年 3 月 1 日上午。

买卖的心里都有数。①

这是最大的一个集，也是过了年的第一个集。正月十二以前不开集，只有胡集来了集之后，其他集才会开集。十三是成官庄集，十四是魏家集，开集是从胡集开始的。②

胡家集之所以“大”，是因为其市场多。大体而言，有牲口市、木头市、青菜市、水果市、粮食市、鞭炮市、猪市、羊市、鸡市、鸡蛋市、苇子市、苇箔市、窑货市、石灰市、炭市、估衣市、肉市、鱼市、手推车市、自行车市、农具市、铁器市、线市、布市、玩具市、鞋市、柴火市、锅碗瓢盆市等。总之，凡是农村日常生活所需要的一切物品，都能在这里买到。“用当地人的话说，到这里来，想买啥都能买到，想卖啥都能卖掉。”③

当然，这些市场并非一直都是同时存在的，比如自行车市，是20世纪六七十年代以后才新出现的。作为20世纪七八十年代老百姓生活中的“四大件”（自行车、缝纫机、手表、收音机）之一，当时自行车是一种紧俏商品，也是一种能凸显个人身份的重要物品——绝对不亚于今天的奔驰、宝马，因此一时成为抢手货，大量进入农村市场。但由于价格昂贵，许多人买不起新的自行车，只能购买二手货，于是胡集市场上就出现了专门买卖旧自行车的二手自行车市。

还有些“市”会随季节的变化而变化，这其中最为典型的便是农具市。每年农历二月份春耕开始之前，集市上就会出现大量买卖镢头、锄头、缰绳等农具的摊位。每到麦收前，集上就会增设草腰子市和叉筢、扫帚市等。20世纪90年代之前，麦子主要是人工用镰刀割取的，割倒的麦子需要用草腰子捆扎；麦场脱粒则需要用到叉筢、扫帚等，于是相应地就出现了买卖这些物品的市。再比如春、秋两季的农闲季节，农村盖房子的增多，相应地需要大量的石灰、苇箔等建筑材料，于是集市上就会出现售卖石灰、苇箔等的石灰市、苇箔市。由于胡集村附近地区不产石灰，故这些石灰都是用马车、手推车从淄博等地运到当地的。再如鞭炮市，只在过年前才会出现。④

① 胡友朋，男，胡集村人。访谈时间：2017年3月25日下午。
② 胡梅亭，男，胡集村人。访谈时间：2010年3月1日。
③ 韩克顺：《九品乌纱》，第229页。
④ 参见韩克顺：《胡集书会》，第20页。

赶　集

在胡集村的所有市场中，又尤以牲口市与木料市最为知名。对此，《中华人民共和国地名词典·山东省》在提到胡集时，曾专门记述说："农历二、七日逢集，尤以牲口、木料市场活跃，为县境东南部大集镇。"[①]20世纪90年代之前，胡集村的牲口市一直位于老南北商业街南首两侧、南圩子墙以北的场院里，其中东边场院是牛市（尖蹄的），西边场院是骡、马、驴市（圆蹄的），这其中又以牛市最为兴盛。最多的时候，一集上市的牲口多达几千头；最兴盛的时候，一集成交了3600头牲口，一时传为佳话。巨大的牲口市场吸引了大量牲口贩子前来买卖牲口，除胡集村周边50多公里范围外，还有来自山东潍坊、河北沧州等地的牲口商人，甚至河南、内蒙古等地也有人前来。清末民初时，天津等地的商贩也前来购买膘牛（当地俗称"头牯"）并转卖给洋行出口海外。作为商业与金融重地，胡集村有"义清和""三义和"等钱庄与商号。外地商贩前来买牛，通常不带现金，而是在钱庄、商号内记账，日期少则10天，多则20天，等牛运达目的地后再将钱汇过来。这些钱庄与商号，既为外

① 《山东省》编纂委员会编：《中华人民共和国地名词典·山东省》，商务印书馆1994年版，第309页。

地商贩担保，又替他们出汇票，作为报酬，他们则从中抽取3%的手续费。[①]由于规模巨大，因此胡集村的牛市又被俗称为“神市”：“我们这个牛市很大，特别是在清朝时。胡集村的牛市是神市，买不透！大牛、杠子牛……你会发现越买越多。为什么呢？因为这里辐射面大，村民都上这里来赶集！”[②]牲口交易的繁盛，使毛行税成为重要的地方财政收入之一，并对地方社会文化建设做出了重要贡献。民国时期，惠民县县立第一小学之所以能建立，就是以胡集村毛行税作为直接保障的。

胡集牲口市的发展与壮大，也使当地培养了一批牲口商人和牲口经纪人。他们世代相传，绵延流长。1978年，我国实行改革开放政策后，胡集村的牲口商人和牲口经纪人十分活跃，他们不仅在本地做买卖，还将河南等地的牲口贩卖到京、津地区，使牲口买卖一度成为胡集村的支柱产业之一。出生于1974年的胡云平，现为胡集村的“成功人士”之一，不仅从事着工程机械、房产开发等生意，还担任着村委会主任一职。而他的生意是从贩卖耕牛开始的。初中毕业后，胡云平便开始跟着自己的大伯贩牛。当时(20世纪90年代初)，胡集村的牛市虽已不能和清末民初时相比，但仍旧比较兴盛，每集能有几百头牛上市交易，是方圆50多公里范围内规模最大的牛市。与此相适应，当时村里有很多人从事耕牛贩卖生意。这些牛，主要由菏泽、聊城等地贩运而来。贩运来的主要是小牛，胡集周边的农户购买回家，养大了之后，有农活的时候干农活，没农活的时候就养着；或再卖出，赚取差价。贩卖耕牛的时候，胡云平他们会骑着自行车，牵着小牛犊子，到各个集市或村子里去贩卖——自行车被牛拉得“呼呼地走”，经常会出现车倒人翻的情况；也有的用地排车，拉上三四头小牛，到各地贩卖。作为小户，胡云平他们通常两三个人合伙贩牛，并且主要是在当地贩卖。平时主要是赶集，其中最主要的是胡集大集，有时也到其他集市买些便宜的牛再到胡集来卖；有时也到周边村子里去，但最远也就二三十公里范围。当时村里有个大的耕牛生意人，名叫赵增同(音)，他主要是从事耕牛批发生意，即将耕牛从菏泽、聊城等地运到胡集，然后再卖给诸如胡云平这样的小户，并不直接参与当地市场的耕牛贩卖。为挑到一头好牛，卖个好价钱，牛贩之间为“抢牛”而展开了激烈的

① 参见韩克顺：《胡集书会》，第15～16页。

② 胡希文，男，胡集村人。访谈时间：2017年3月26日上午。

竞争。一开始牛贩在赵增同(音)的家门口等待,以便在运牛的车到来后第一个挑牛。何谓好牛、孬牛,牛贩们自有一套自己的判断标准:首先看牙口,俩牙就是小牛,六个牙就齐口变成老牛了;其次看外貌,"就是看俊不俊",俊俏而又肉嘟嘟的牛就是好牛。后来人们发现,在赵增同(音)家门口等不行,因为有人跑到村南口去等,早把好牛挑走了。既然你在村南口等,那我就跑到西距胡集村十几公里的清河镇去等。再后来,等待的地点越来越向西,离胡集村也越来越远,先是李庄,后是姜楼,最后竟干脆离开了惠民县地界,到了济阳县的大桥镇,甚至到了大桥镇南侧的黄河浮桥。牛贩们之所以如此费力,宁愿多花上十几元的车票钱,就是为了能抢个好牛,多挣点钱。当时,贩卖一头牛能挣一二百元。整体而言,除极个别情况看走了眼以外,绝大部分情况下都是能挣到钱的。

除牲口市外,胡集村的木料市也很大。胡集周边地区,林业比较发达,每年都能出产大量的木材。而相比之下,相邻地区的河北盐山、黄骅以及山东的无棣等地,由于地处沿海,林木稀少,木材缺乏,但无论是建房还是下海捕捞做网杆(至少 10 米以上)都需要木料,于是便纷纷到胡集购买,由此促进了胡集村木料市的发达。20 世纪 70 年代初,受当时"极左"思潮的影响,农民们不能从事其他副业,于是一些生产队就套上马车或地排车,在农闲时节搞运输,主要是为供销社拉货,其中就包括为河北盐山、黄骅等地来买木料的人运货,来回四五天,大约能挣 30 元钱,算是生产队的集体副业。①

除各种售卖实际货品的市场外,胡集村还曾经有繁荣兴盛的曲艺表演市场。曲艺市场的具体地点在村南头南北商业街以西的场院旁边,此地有一棵大槐树,树下就是曲艺艺人摆摊说唱的理想场地。据老人们讲,这棵树已有几百年的历史,号称"唐槐",传说秦琼在此拴过马。20 世纪 90 年代之前,每逢二、七大集,总会有说书艺人前来撂地卖艺。到集之后,把由三根竹竿绑起来的鼓架一支,放上书鼓,然后就"咚咚咚"地敲起来。这是说书的前奏,意思是告诉赶集的人,"说书的"来了,赶紧过来听书吧。这些说书艺人大都来自临近胡集村的周边地区,也有个别来自阳信等邻县的艺人。如山东阳信著名毛竹板书艺人张义兴(1924～2007 年)——老艺人们都评价他是

① 参见韩克顺:《胡集书会》,第 21 页。

"山东最拔毛的一个"(意即最优秀的一个)。他从20多岁起,每逢胡集大集都来赶集说书,深受大家好评。由于听书的人太多,平日集市上的说书场地——大槐树树下坐不下,他就专门缝制了三大绺布棚。布棚可容纳100多人,夏天遮阳防晒,冬天挡风避雪。每当嘹亮、清脆的竹板声响起,人们就知道是张义兴来了,遂蜂拥而至。[①]

曲艺表演

总之,平日的胡集大集,以前"见集都有说书的。有说评书的,有说大鼓的,还有说落子的。只要是胡家集,就没有不说书的时候"[②]。说书说到精彩之处,便会安排一个书扣子,即"欲知后事如何,且听下回分解",向在场的听众收一些钱。扣子又称"关子",即为吸引观众而制造的悬念,多指矛盾冲突较大或情节曲折、生动的回目。收的钱并不多,20世纪80年代左右,通常为1角,也有给5分的。由于当时娱乐活动贫乏,加之当地浓厚的曲艺表演与听书氛围,总会吸引大量的人来听书。听书的人基本上为男性,他们或坐或站,聚拢在说书人面前津津有味地听上一段。最里面的听众盘腿席地而坐,稍靠后的垫上砖头坯块,再往后的蹲着,最外面的则站着,使整个书场就像个露天圆形看台,由里而外,步步升高。精彩的说唱深深吸引了人们的注意

① 参见韩克顺:《胡集书会》,第53页。

② 胡梅亭,男,胡集村人。访谈时间:2010年3月1日。

力，以至于读书的孩子忘记了上学，做小买卖的商人忘记了招呼客人。20世纪50年代中期，当时正读小学的韩克顺，逢集之日中午放学后，总是先到书场听一场书，然后再回家吃饭。那时他天天盼望着逢集之日正好是星期天，这样就可以完整地听一场书了，而小孩子听书是不用拿钱的。[①] 有个卖馒头(当地俗称“馍馍”)的，听《岳飞传》着了迷，入了戏，有人招呼他说：“怎么不卖馍馍了?”他满怀悲愤地说：“不卖了！岳老爷都快死了，我还卖什么!”还有的人，甚至会忍不住哭出声来。

繁盛的集市贸易吸引了大量商贩前来赶集。每逢集日，除有固定店铺的坐贾早早开门迎客外，十里八乡，甚至远至河南、河北等地的外地行商也纷纷前来赶集卖东西。除商贩外，更多的则是来自周边几十公里范围内的普通民众，前来采办各种物品，有时多则几万人。川流不息的人群将东西、南北两条主要商业街挤得满满当当，其他街巷也都到处充满了人，“挤得啊，挤掉了鞋子”[②]。正上小学的韩克顺，当时最怕的就是逢集日。因韩家住在村西南角的圩子门附近，而小学在东北圩子门旁边，要上学就要穿过东西、南北十字街口。由于逢集时这里是人挤人、人靠人，中午放学时根本走不动，被挤掉鞋子或撞疼身体是常有的事。于是，他只好绕到圩子墙外转着回家，反而省时间。[③]

川流不息的人群带动了商业的繁荣，吆喝声、讲价声充斥着大街小巷，商贩们也是忙得不亦乐乎。对此，家里曾开过茶馆的张花英老人回忆说：

> 这一趟街上真是热闹。俺家开了间茶馆，逢集的时候，人特别多，真是忙。俺家茶馆有个大缸，头一天就得挑满水……[④]

由于短时间内会有大量的人群聚集，这使胡集大集成为进行各种宣传活动的理想场所。以前信息闭塞，既没有现在发达的网络传媒，也没有宣传媒体，于是当地人就到大集上来贴布告、做宣传。比如第一次世界大战期间，英国、法国等协约国国家到中国来招募华工，其中山东是重点地区，并在周村设立了招募站。当时，他们就在胡集大集上设立了招募点，贴布告，撒

① 参见韩克顺：《胡集书会》，第50～56页。
② 胡梅亭，男，胡集村人。访谈时间：2011年2月17日。
③ 参见韩克顺：《胡集书会》，第19页。
④ 张花英，女，胡集村人。访谈时间：2017年3月25日上午。

传单，进行广泛宣传。很多人就由此去了欧洲，其中胡集村就有一人，人称“华德鲁”。据说他后来在欧洲娶妻生子，“混得很不错”，只可惜他再也没回来过。①

胡集大集历史悠久，规模大，商贸繁盛，不仅大大促进了地区经济发展，而且使胡集人养成了经商的习惯，这丰富了村民的日常生活，提高了生活水平。一方面，作为胡集大集的东道主，胡集人具有做生意的便利条件，使“做买卖”成为胡集人生活的重要组成部分，培养了人们骨子里的生意经与经商理念。即使是“文化大革命”时期，在胡集大集一度被封集的情况下，仍有人坚持做生意。另一方面，即使不直接做生意，单靠“敛地皮钱”也能获得一定的收入。每逢集期，大量的行商前来摆摊经营，不可避免要占用很多人家的大门前或商铺门前空间，而“占用了我的空间，就得交钱。虽然钱并不多，块儿八角的，但一家门前总能好几个摊子”②。在20世纪80年代经济收入并不高的情况下，一天下来也能收不少钱。

老商铺

胡集大集还对胡集人的思想观念与村落生活产生了很大影响。由于商贸发达，四方商贩辐辏，大量外地客商到此，加之因集市兴盛而带动的胡集

① 参见韩克顺：《胡集书会》，第21～22页。

② 胡希文，男，胡集村人。访谈时间：2017年3月26日上午。

书会的兴起与发展，大大开阔了胡集人的视野，因此“胡集人是见过世面的”[①]。而这又在一定程度上塑造了胡集人开放、包容的心态，培养了他们“善待他人”的理念。村民认为：

> 人家来做买卖不容易。三里地五里村，不是朋友就是亲戚，若争吵打架就是打亲戚朋友。以前老人都是这样教的。[②]

当然，大集及兴盛的商贸传统给胡集人带来的并不总是积极的一面，也有消极之处，比如人心不齐、村落社会结构松散等。

胡集大集的兴盛，还大大扩大了胡集人的社会交往圈，并提高了人与人交往的频率。一方面，南来北往的商贩、艺人等，大大扩展了胡集人的交往圈，甚至很多当地人都和来此摆摊的商贩、艺人等成了朋友。祖上至少五辈开旅店的胡玉田，其四世祖胡增在的媳妇为北京人。当时北京发生了战争，她跟着家人外出逃难，就住在了胡增在的旅店里。胡增在为人仁义，后来她就留下来做了胡增在的媳妇。[③] 此外，集市期间，四里八乡的人都来赶集，难免会有村里人的亲戚与朋友。大集之上，熟人相见，热情地打个招呼，说两句体己话，或直接邀请到家里做客。老人的身体状况、孩子的婚事以及比较重要的家庭仪式活动，都可以趁机进行交流。总之，在赶集时，与亲朋好友间碰面、交往的概率大大增加。尤其是村里一些上了年纪的老人，逢集之日，即使不买东西也喜欢到集市去转转：一是凑凑热闹，二是希望能碰上个熟人聊聊天，或相约一块到茶馆喝茶，到大槐树下听说书。以前通讯不发达，若有事需要通知亲朋好友，胡集人一般会在逢集这天专门到街上去转转，希望能碰上前来赶集的亲友或熟人。

胡集大集还对胡集人的时间观念产生了重要影响，成为当地人记时的一个重要时间标准。由于每逢二、七便是集，具有规律性，于是人们就将集期作为日常生活中重要的时间参照，比如“俺家孩子是十二集那天走的”，“俺家大儿子是初七集那天生的”，等等。

另外，胡集大集还对胡集村的街巷胡同命名产生了影响。很多街道就是以集市市场名来命名的，比如“条货街”“鸡市胡同”等。相较于周边其他

---

① 胡希文，男，胡集村人。访谈时间：2017 年 3 月 26 日上午。
② 胡友朋，男，胡集村人。访谈时间：2017 年 3 月 25 日下午。
③ 胡玉田，男，胡集村人。访谈时间：2017 年 3 月 25 日上午。

村落，胡集村大人多，居住分散，于是居住的地方也常常和集市有很大的关联。走亲戚、交朋友，人家若问“胡家集那么大，俺到哪里去找你”，胡集村的人往往会说“俺住在粮食市南头”，“俺家在青菜市中间里”，“俺大门口是牲口市”，等等。这样就非常明了。[1]

1982年以后，随着胡集村落的逐步扩展，胡集大集逐步由原先的南北商业街一带，迁到了村西空场，亦即现在新的十字街一带。尤其是20世纪90年代以后，随着新的东西、南北商业街的建成，胡集大集更是完全迁移了过去。除场地变迁外，集市内容也逐步发生了变化，很多市场消失了，其中包括最为知名的牲口市与木料市。如今，随着农业机械化的日益普及，耕牛已失去了用武之地。虽然如今仍有一些农户在养牛，如在胡集镇东赵村，养牛（肉牛）已成为村民增收的重要手段之一。但如今养牛，主要采用的是合同养牛的方式，养肥了之后会有人主动上门收购，无需通过市场交易。至于马、驴、骡等，更无用武之地，于是牲口市自然也就失去了存在的必要。至于木料市，如今建房大都用砂子、水泥，门窗基本为铝合金制品，桌、椅、板凳等全都是成品，根本用不到木头，自然木料市也失去了存在的价值。现在镇上多了几家建材市场，建筑材料应有尽有。

20世纪90年代之后，随着曲艺市场的日渐式微，连作为国家级非物质文化遗产的胡集书会都需要政府的强力支持才能勉强维持，平日胡集大集上的曲艺市早已消失不见。其他诸如自行车市、苇子市、苇箔市、石灰市、条货市、猪市、手推车市等，也由于无法适应市场的需要，逐渐消失了。如今，胡集大集留存下来的市场，主要是日常的生活用品市场，如青菜市、鱼市、肉市、鸡市等，其中又以青菜市最为兴盛。而各市场之间，已无明确的地域划分，而是相互混杂在一起。另一方面，在一些市场消失的同时，一些“新市”也冒了出来，如酱菜市。历史上，胡集村所在的惠民县曾是十分著名的酱菜生产地，其中武定府酱菜远近闻名。以前，农村人家每家每户都会自己腌咸菜，自然无需购买。如今腌咸菜的人家越来越少，相反却促进了酱菜市的发展。但整体而言，人们生活水平的日益提高以及市场流通网络的日益发达与便捷，尤其是电子商务的发展，使得当今胡集大集无论是规模还是影响力

① 参见韩克顺:《胡集书会》，第21页。

都已大不如前，市场日渐萎缩，每逢集期前来赶集的也主要是周边村落的民众，辐射范围已大大缩小。目前来说，对大集冲击最大的是超市的发展。村民胡希文说：

> 现在有超市。在超市每天能买到比较新鲜的东西，所以不会买很多菜存着。现在超市离这儿有五六十米，卖什么的都有。①

另外，除集市本身的变化外，村民胡希文认为，与以前相比，如今赶集的人群也发生了很大变化：“以前赶集的妇女很少，现在集市上妇女多，占总人数的 80%。”②

超　市

二、年去年又来

传统节日是中国传统文化的重要组成部分。在长期的历史发展过程中，我国形成了一套富有特色的传统节日体系。作为民众年度生活中的重要时间节点，节日在传统民众社会生活中发挥着极为重要的作用，是民众精神信仰、伦理关系、娱乐休闲、审美情趣与物质消费的集中展现，具有丰富的

---

① 王昊，男，胡集村人。访谈时间：2017 年 3 月 25 日上午。

② 胡希文，男，胡集村人。访谈时间：2011 年 2 月 18 日上午。

历史文化内涵。

节日本质上是一种由人为创造的社会性时间，在民众年度时间生活过程中发挥着极为重要的节点作用。“节日”之“节”，其本意为竹节，后引申为动物骨骼的连接之处。而将“节”与“日”相连，就是将一年中的时日分为不同的段落或阶段，所以所谓节日也就是时间的“节点”，具有周期性、循环性等特点。因此，节日是传统民众年度时间生活中的重要“节点”。一年之中，节日庆典及其相关仪式，有规则地穿插于民众日常生活之中，从而形成一种“非日常”与“日常”交替变换的节奏起伏。这一节奏起伏，使得人们在紧张忙碌的工作之余获得身心的放松与愉悦。此外，节日也是人们年度生活的重要时间坐标，是人们迎神祭祖、走亲访友等的重要时刻。一到某个节日，人们自然就会想到去进行某项活动，如清明节扫墓，端午节吃粽子或划龙舟，等等。

在长期的历史发展过程中，我国形成了一系列富有特色的传统节日，基本上在每个阴历月份都有节日存在。同时，我国地域辽阔，节俗文化多种多样，往往同一节日在不同地区会有不同的认知与接受程度，在具体节俗上也有差异性。也就是说，节日具有地域性差异。就胡集村而言，一年之中，主要的节日有春节、元宵节、二月二、清明、六月二十四、七月十五、中秋节、十月一、腊八、小年等，每个节日也都有相关的习俗活动或节日饮食等。

(一)春　节

春节[①]是我国最大、最为隆重的传统节日，胡集村自然也是如此。过年之前先忙年。一进腊月，年的气息便逐渐扑面而来，尤其是腊月二十三——小年之后，年的氛围更是浓厚起来，家家户户开始为新年的到来做各方面的准备。一是赶集置办年货，购买肉食、蔬菜、鞭炮、筷碟盆碗等。尤其是胡集腊月二十二、二十七两个集，作为一年之中最后的两个集市，更是吸引了大量前来置办年货的人们。二是准备并制作各种年节食品，如蒸糕、蒸豆包子、蒸馒头等。三是打扫庭院，洒扫房间。四是孩子到集上或理发店内理

① “春节”是辛亥革命以后才出现的新称呼。中国传统新年第一天称为“元旦”，辛亥革命以后，中华民国政府决定在全国推行阳历，于是把阳历的1月1日称为“元旦”，而把阴历的正月初一改称为“春节”，因立春节气通常在其前后一段时间内。

发。因按传统的习俗规制，正月不能理发，否则对舅舅不利。对这一习俗，人们都小心翼翼地加以遵守，尤其是家中有舅舅的人家，以前绝对不会在正月期间理发，一般要等到二月二之后才开始理发。只是，如今年轻人已越来越不太在意这一习俗了。

家堂轴子

大年三十（若逢小尽月，则为二十九），年的高潮时节到来。这天，最重要的习俗活动就是祭拜祖先，即请祖先回家过年，当地俗称“请老的”。请祖先之前，要先挂家堂轴子①，通常挂在堂屋八仙桌后面墙壁上。挂好家堂轴子后，再在桌上放上香炉。年三十天黑时，当地村民便开始进行请祖先的仪式活动。之所以要天黑以后请，据说是因为白天有光，而鬼怕光，是请不过来的。也就是说，在当地人的观念中，祖先是与“鬼”同属一类的。早年间，请祖先是到祖坟去请：拿一把香，先点着一根，到祖坟后再将所有香点着，然后拿着香拜一拜，念叨着“爷爷、奶奶回家过年了”之类的话。也有在村头请的：拿着香，冲着祖坟的方向拜一拜，再念叨几句话语即可。负责请祖先的均为男性，通常为家里的一家之主，也可由其子代替。去坟地或村头请祖先的时候，当地的规矩是不论是前去还是回来，任凭后面有什么动静，都不能回头看。

请完祖先回到家后，将点着的香插到供桌上的香炉里面，这就意味着祖先已被请回家了。祖先进家后，要先摆上茶水，然后摆上筷子及各种供品，如丸子、肉、馒头等，而供品数量必须是四样，所谓“神三鬼四”。另外，酒也是

① 所谓家堂轴子，就是一张幅面较大的图表式家谱，通常宽1米左右、高1.6米左右，上面按辈分写着一代代已故祖先的名讳。“文化大革命”时期，各家的家堂轴子基本都被烧掉了；“文化大革命”结束之后，虽然挂家堂轴子的习俗一度有所恢复，但如今已基本不挂了。

必不可少的供品之一。待祖先“享用”一会儿供品后，再上水饺，其中中间的碗里放4个，两边碗里放1个。除此之外，过年期间，吃饭时就必须先将菜肴端到供桌上让祖先先享用。祖先请回家后，为防止不是自己祖先的“鬼”进家门，就要“封门”。封门的方式是用柴草灰将门圈起来，这样大鬼、小鬼就不敢进门了。①

祖先请回家后还要送走。送祖先的时间，一开始是过完正月十五以后才送，后来改为正月初一一早(通常为8点左右)即将祖先送走。送祖先时，首先要打扫干净供桌，烧点纸钱，然后端个簸箕，在里面放上香炉等祭品，来到大门外，就意味着将祖先送走了。

请祖先回家过年曾是胡集当地非常兴盛的一个习俗。“文化大革命”期间，受当时社会形势的影响，请祖先习俗一度被迫中断。“文化大革命”结束后，这一习俗逐渐恢复，但如今又逐渐消失了，并由请祖先回家祭拜改为到坟地上坟祭拜。用胡忠先老人的话说：“原来晚上请老的，现在村里很少请老的，90%的人都不请，都是下午4点多去上坟。”②前去上坟的一般为男性家长及其子孙，而上坟要进行两次：第一次是大年三十下午，是给“老的送东西”，即带着炒菜、水饺、酒、黄表纸等供品到坟地，摆好酒菜，倒上酒，然后烧纸，说“××，收钱吧”之类的话语，还要放鞭炮。结束后，炒菜、水饺、酒等，都倒在坟上，然后回家。第二次是年初一早上，俗称给“老的拜年”，同样是带着上述供品去坟地，仪式程序亦完全相同。对如今这种不请祖先回家过年的情形，村民往往会用一句老话为自己开脱，即“光见活人烧纸来，谁见死人使钱来”，因此愿意请就请，不愿意请也无所谓。

---

① 据村民传说，之所以要用柴草灰封门，与吕洞宾的母亲(当地称其为“吕妈”)有关。有一年大年三十，有个绝户的老太太(当地称“老娘子”)家突然来了一位老年妇人，即吕妈。吕妈对老太太说自己家远，回不了家了，能否在这里借宿一晚，老太太欣然表示同意。到吃晚饭时，由于老太太家实在太穷，根本拿不出吃的东西来。于是吕妈拿出了几个水饺，也就“一把”——还不够两人塞牙缝的。可饺子下到锅里以后，煮出来的饺子两个人根本吃不完。吕妈对老太太说：“你是个好人，明年我还来。”“你认错门了怎么办呢？”老太太问。吕妈就说：“年三十的时候你把干草放在门口点上火，然后用草灰护起家门，我就知道是你家了。”老太太将这事告诉了邻居，说自己碰上了神仙，一把饺子下了一大锅，吃了好几天。虽然她一再叮嘱邻居们千万不要说出去，可还是一传十、十传百，全村人都知道了。于是第二年年三十傍晚时分，家家户户的门口都有柴草灰。当晚吕妈如约而来，但发现家家门前都有柴草灰，也不知哪家是好心的老太太家了，就只好回去了，但从此烧柴草灰的习俗却保留了下来。(据胡玉田访谈内容整理而成。访谈时间：2017年3月25日上午)

② 胡忠先，男，胡集村人。访谈时间：2017年3月24日下午。

出门见喜对联

除请祖先外，年三十这天还有很多其他习俗活动。如贴春联，除新近家里有老人去世的人家外，家家都会在自家大门、房门等处贴上写有祝福、吉祥等内容的对联，比如正对大门的地方会贴“出门见喜”等字样。再如供奉三地三界十方万灵之神。家家户户都在自家靠近厨房的墙上挖一个小洞，盘上砖，里面摆上刻有“天地三界十方万灵之位”的牌位，或临时用黄表纸叠成三角形，再在上面写上“天地三界十方万灵之位”的字样。另外，为供奉天地，年三十晚上要扎天地棚。所谓天地棚，即由高粱秸扎成的、一个屋子式样的小棚子，棚外放有帘子，里面摆着天地牌位及各种供品。当地信奉“神三鬼四”，与祭祀祖先不同的是，供奉天地诸神的供品数量皆为“三”。据村民说，扎天地棚、摆供品，表面上看是为祭祀神灵，实际上是为过路人着想的。以前穷人多，一年到头在外忙忙碌碌地讨生活，过年时节才往家赶，但很多人无法按时赶回家中，以至于年三十这天仍在赶路。而此时旅店、饭店等都已关门，因此他们往往无饭可吃。于是人们就在天地棚里放些物品，以供过路人食用。事实上，胡集作为交通发达、商业繁盛之地，过路人一直都很多。关于这一习俗，当地还有一个传说。传说有一年的大年三十，有一飞贼路过此地，饥肠辘辘，就来到一户人家的天地棚前找吃的。但来到天地棚前，他发现既没有肉，也没有馒头，只有三碗黏粥（稀饭）。为何只有三碗黏粥呢？因为这家穷，拿不出肉、馒头等供品。于是飞贼动了恻隐之心，喝完黏粥后，在每个碗里放了一个金元宝。[①]如今，胡集村已基本没有扎天地棚的人家了。

早些年间，胡集村还有在天井扎高杆的风俗，即年三十晚上，家家户户要在自家天井里扎个高杆，然后再在上面挂个灯，意思是有个明火，方便夜晚行人赶路。而灯下则是姜子牙的“封地”，传说姜子牙会在这里过年。据说姜子牙辅佐周武王灭商之后，大封天下诸神，如李靖被封为托塔李天王、

① 胡玉田，男，胡集村人。访谈时间：2017 年 3 月 25 日上午。

太白金星主管二十八星宿等，每个神都有自己的神职与角色，天下每个地方也都有神灵的身影，“连个旮旯都有(神灵)”。但不知为何，姜子牙却单单把自己给忘了，没给自己留下任何位置。于是，他只好把灯下做了自己的“封地”，每年都到这个地方来过年。[①] 只是现今胡集村已没有在天井内扎高杆的习俗了。

供奉神灵之处

年三十晚上，请祖先回家或上年坟时都要放鞭炮，即“吓年，驱鬼”。这天晚上，全家团圆守岁，俗称“熬五更”。20 世纪 90 年代以后，随着电视在乡村的日益普及，看春晚成为年三十晚上的一项重要内容。吃过年夜饭，家人围坐一起，吃零食，看春晚，妇女们则忙着准备第二天要吃的水饺。

年初一早上，人们天未明即起床。起床之后首先要到院子里大声咳嗽，

① 胡希文，男，胡集村人。访谈时间：2017 年 3 月 26 日上午。

然后放鞭炮,意思是让位于各处的神灵知道人们已经起床了,该让路的让路,以防碰着或冲撞了他们。然后是祭拜祖先。按习俗规制,这天的早饭一定要吃水饺。饺子一定要素馅,不能是肉馅,意思是消停素净。也有包糖、包枣的,意味着吉祥如意,寓意人们对美好生活的追求。饺子出锅后,先端给祖先享用,意为尊老。按照老规矩,孩子们不能高声喧哗,不能乱说话,以免冲撞了神灵。大人也只说好话,不说坏话。吃过早饭后,村民要穿新衣、新鞋,其中女孩要扎红头绳,然后给家中长辈磕头拜年,再外出到同族亲近人家(通常为五服之内)拜年。相好的邻居、朋友,即使不在五服之内,村民通常也要前去拜年,主要是给其长辈磕头。除拜年外,关系不错的村民之间还相约到家中串门、喝酒、吃饭,畅叙亲情与友情。对上述习俗,光绪《惠民县志》卷十六《风俗》记载:"正月元旦,鸡初鸣,长幼皆起,祀祖宗神祇,叩拜父母尊长,亲戚乡里交拜履新,互相请席,名曰吃年茶。"

从年初二开始,人们开始走亲戚。初二是外孙走姥姥家,且必须要去,当天即回,但通常自己的母亲并不随同前往,意思是先派自己的孩子去看看爹娘身体安康与否。与胡集村不同的是,滨州市一带则是外甥女而非外甥于年初二这天去看姥姥。当然规矩并非整齐划一,若双亲均健在,通常初二这天母亲就不会同孩子一起回娘家;若双亲一方已去世,通常即于初二这天母亲要与孩子一起回娘家。这又具体分为两种情况:若是娘家娘去世,次年年初二这天就回娘家;若是娘家爹去世,初二就不回娘家。相比之下,当地嫁出去的姑娘走娘家的日子通常为初四与初六。总体而言,年轻的初四的多,岁数大的初六的多;还有初八的,通常是五六十岁以上的才如此,因初四或初六时,他们自己出嫁的女儿也要回娘家看望他们。其他时日,通常初三走姑家,初四走姨家(或回娘家),初六走干亲,初七就是胡集大集了。一般走亲戚到初七八就结束了。

与过去相比,如今的春节习俗已发生了很大变化。首先,许多过年习俗消失了。如请祖先回家过年、扎天地棚、在天井里扎高杆等。其次,生活方面也发生了很大变化。比如过去生活条件差,通常只有到新年时才能做一身新衣服、新鞋子,有的人家甚至连新衣服也做不起,只能给孩子买条红头绳,就如同《白毛女》中所说的那样。而如今,随着生活水平的提高,一年四季随时都可以买新衣服,也就不用专门等到春节时再做新衣服了。再次,饮食方面今昔也有很大不同。过去一年之中只有过年的那“十来天每天都吃好的”。因此，孩子们总是盼望着过新年。对他们而言，过新年不仅有好吃的、好穿的，还能买上一两件玩具玩。春节必吃的食物是水饺，当地习俗是正月初一早上必吃饺子。但这也要视具体家庭条件而定，也有吃不上饺子的，尤其是“三年自然灾害”时期，“吃不上饺子的占50%”①。生产队时期，每户人家通常过年时才能分上十斤八斤麦子，磨成面后，只够过年时吃一顿饺子，人口多的人家甚至连饺子也吃不上。如今，只要想吃，馒头、水饺天天有，和从前过年时节没什么差别，甚至还要好于从前过年的时候，于是村民对水饺的渴望也就不再那么强烈了。过去，新年之前总要早早赶年集准备好过年物品，如今超市发达，即使过年时节也可随时买到各种物品，因此现在一般都是现吃现做。最后，在过节日氛围方面。虽然过去生活困难，但人们在精神上却是富足、快乐的。以前没有电视、电脑等现代化娱乐设施，人们主要的娱乐方式就是听戏、扭秧歌以及相互串门、聊天等；谁家新娶了媳妇，正好趁过年时节过去看看；平时不见的朋友，聚在一起喝酒、聊天。但如今人们越来越觉得过年不热闹了，越来越没有年味了。随着现代娱乐方式的日益增多与发达，听戏、扭秧歌等娱乐方式消失了，人们也变得越来越不愿意出门了；尤其是年轻一代，面对面地拜年也日益被电话、短信等拜年方式所取代。另外，随着生活与工作节奏的加快，春节还没过完（在当地人的传统观念中，过完正月十六才算过完年），人们就开始各忙各的，也没时间聚在一起喝酒、聊天了。

（二）元宵节

在胡集人的观念中，元宵节本质上是春节的一部分。由于元宵节的主要习俗是掌灯，因此其在当地又有“灯节”之称。

灯节的主要习俗是上灯。村民事先用萝卜、灯草、棉籽油等自制油灯，或用杂面蒸制灯窝。正月十四晚上即开始掌灯，连续三天，一直到正月十六晚上才结束。每个屋内都要上灯，包括厨房灶台上、盛放农具的小屋等，即使厕所里也要点上灯，俗信可以辟邪。另外蝎子之类的毒虫一见灯光就会

① 胡忠先，男，胡集村人。访谈时间：2017年3月24日下午。

跑开，也就不会对人造成伤害。在大门外点灯，意味着家里有人气、人丁兴旺。另外，当地人认为用灯照一照身体的各个部位，有利于身体健康，比如照一照眼睛，会使眼睛更明亮。元宵节三日，视有风与否，可卜丰歉，“三日内有风为歉，无风为丰”①。如今，自制油灯或蒸灯窝的习俗已基本不存，而日益改用各种形状的小蜡烛代替。另外，还有一种比较简易的灯，即用一根长约 20 厘米的芦苇秆，一头裹上腊，非常易于点燃。

芦苇秆灯

对孩童来说，元宵灯节是一个比较快乐的节日。此时胡集集市上到处都是卖灯笼的摊贩，每家每户都会买上几盏供孩子玩耍。据村民讲：

> 十五也没什么讲究，就是哄小孩们打灯笼……各式各样的灯笼都有。有钱的买个好看的，没钱的买个小灯。
>
> 从正月十二晚上一直打到十六，满街上都是小孩打灯笼。②

而现如今打灯笼的孩子已越来越少了。

① 光绪《惠民县志》卷十六《风俗》。

② 胡玉田，男，胡集村人。访谈时间：2017 年 3 月 25 日上午。

卖灯笼

当地元宵节的特色节日饮食是水饺。20世纪90年代以前，村民基本没有吃元宵的习惯，即使现在，吃元宵的人家也不多，当地元宵节主要的饮食还是水饺。正月十五这天上午，家家户户包水饺。水饺下锅之前，要放鞭炮。临近中午，村内鞭炮声此起彼伏，气氛十分热烈。放完鞭炮后，全家围坐一起用餐，有水饺、各式炒菜等。晚上则只上灯，不放鞭炮。

元宵节期间，新年最为忙碌、最为神圣的时间段已过，亲戚也已陆续走完，而繁忙的农事活动还要过一段时间才开始，但春节还未过完，热闹的节日氛围尤在，这使元宵前后成为一年之中人们最为放松、闲暇的时间段。另外，在当地人的心目中，过完正月十五新年才算结束，因此人们对于此节都非常重视，也会尽情娱乐。由此，正月十五灯节前后，也是当地一年之中娱乐活动最为丰富的时候，村民会集资办灯景，或玩龙灯，或跑旱船，或耍狮子，或踩高跷，“元宵张灯火，放花炬，酒筵乐歌，竞为欢会，前后凡三夜”[①]，以至于娱乐业成为一项重要的地方产业。对此，民国《续修惠民县志》卷十《产业志·娱乐消费一览表》曾有如下统计（币种为法币），现抄录如下：

① 光绪《惠民县志》卷十六《风俗》。

事 项	消费金额(元)	备 考
演 戏	10000	全县演戏按 100 台次,每台 100 元
说 书	1200	乡籍正月十五说书,按 1/3 村计
杂 要	2000	乡村籍元宵节扮杂要
灯 景	2500	城乡元宵节均办灯节之景
烟火鞭炮	14349	春节、元宵节及喜庆活动均鸣放鞭炮
年 画	2353.98	总计上 6 项计 33213.78 元

(三)二月二

在胡集村,二月二并不是一个重要的节日,习俗也相对简单,主要有以下活动:一是炒蝎豆。具体做法是:先用盐水浸泡黄豆,然后再放进锅里炒干。二月二时,正值惊蛰节气前后,蝎子等各种毒虫纷纷从冬眠状态中苏醒过来,俗信吃蝎豆就是吃掉各种毒虫,可使人免受毒虫的伤害。二是做豆酱。以前生活条件差,很多人家会在二月二这天做豆酱,以作咸菜及调味品用。只是如今已没有人家再做豆酱了,蝎豆也没多少人吃了——有想吃的也多是从超市购买,而没有自己炒的了。此外,民间有句俗语:"二月二,龙抬头。"人们还会于这天烧黄纸,发钱粮。中华人民共和国成立之前,有的人家还会在房宅周围用灶灰撒龙、蛇等图形,谓之"引钱龙",意在招福纳祥。最后,二月二还是理发的好日子。当地俗信,二月二剃头,会使人鸿运当头,福星高照,小孩子剃头更是可保身体健康,茁壮成长。传统民间习俗,正月不理发,到了二月二,已经过了一个多月,也正是需要剃头理发的时候了。因此,这天理发店往往都顾客盈门,生意兴隆,价格自然也会比平时贵一些。胡集村的胡大娘,每年二月二这天都会带孙子去理发店理发,"由于人太多,要比平时贵五元"①。

(四)清明节

在胡集村,村民习惯上称清明节为"寒食节"。之所以如此,是因为历史

① 胡大娘,女,胡集村人。访谈时间:2017 年 3 月 24 日下午。

上清明节与寒食节有一个逐步合流的过程，我们今天的清明节实际上是古代的清明节、寒食节与上巳节三节合一的结果。[①]

在胡集村，清明节的习俗活动可大体分为两大类：一为祭祀活动，一为娱乐活动。首先，清明节是一年之中非常重要的上坟祭祖的日子。当地上坟的时间，一般是清明当天的早晨，在太阳未出来之前，先去坟地给“老的”修房子，就是给坟墓添土。先拔掉坟墓上长的野草，再用铁锨在坟头上面添两锨新土。是否给坟墓添新土，是判断一户人家是否有后人的重要标志。清明时节，谁家的坟墓没添新土，人们看到后就会想：这家是不是绝户了？因此，对坟墓添新土这事，村民都极为重视。很多人年老的村民会对子女说：“待我去世后，清明的时候，给我添锨新土就行。”早上添过新土后，下午再带着香、黄表纸、酒及水饺、鸡蛋、小菜等供品到坟地上坟。先摆好供品，然后点香、烧纸、磕头，再把黄表纸叠成方形，放在坟头上，压点土，称为“压纸”。远远望去，一看便知，这证明这家是有后人在的。添土或上坟，通常都是成年男性前去，小孩子不去，因担心祖先会“亲近”他们而将他们的“魂”留下。但有时家长也会带年龄大点的男孩前去，好让他们知道哪座坟墓埋的是哪位先祖，同时见识一下上坟仪式，以便能更好地延续这一风俗。除上坟祭祀先祖外，清明一大早，村民还会在门前插柳枝。为何要插柳枝，大部分村民均不知何意，但也有个别老人认为插柳枝是为了纪念介子推。

清明时节，春风送暖，天清气朗，亦是进行各项娱乐活动的好时候。以前，当地村民并没有外出踏青的习惯，主要的娱乐活动就是荡秋千。村民通常会在东西、南北商业街比较宽阔的地方上扎 4 个大轮子秋千，其他街道则扎小秋千，附近的村民都可到此来玩耍。通常谁想在清明期间荡秋千，就可着手组织人手扎。有的人家也会在自家院里扎一个小秋千，以供自家人玩耍娱乐。秋千的式样很多，有转式的，有荡式的，但并不难做，通常将木板两头用结实的绳子穿起来，然后再用粗大的木头搭一个架子即可。扎秋千纯粹是为了娱乐，不为赚钱，每一个人都可以随便来荡。若来荡秋千的人很多，就要排队。通常，秋千于清明之前一两天扎好，大约会保留 7 天，然后即被拆除。如今，村里扎秋千的习俗已不复存在，越来越多的人选择在这天出

---

① 参见黄涛：《清明节的源流、内涵及其在现代社会的变迁与功能》，载《民间文化论坛》2004 年第 5 期。

外踏青游玩。

清明节的特色节日饮食是鸡蛋、年糕等。当天早上将鸡蛋煮好,然后打上胭脂。通常小孩子更热衷于此,每人兜里装几个鸡蛋,到大街上或邻居家找其他孩子玩“杠蛋”的游戏,即两个鸡蛋相碰,看谁的鸡蛋先破裂,裂者即输。另外,以前清明时节时蒸年糕的人家也不少,有蒸成小狗、小猫等动物形状的,也有蒸成植物形状的,五花八门,花样繁多,具体视个人的手艺而定。一般清明节前后走亲戚的时候,都会拿此蒸糕作为礼物。

(五)六月二十四

农历六月二十四对胡集村村民而言是一个比较特殊的日子:一说是为纪念关羽过江东单刀赴会,称为“单刀会”;一说是因为这一天为关老爷的生日(全国其他地方亦有正月十三、农历五月十三之说)。这天,村民会到关帝庙上香,也有在家里烧香的,另外还会做些好吃的,改善一下生活。如今,这一习俗已不存。

(六)七月十五

农历七月十五,在胡集当地又被称为“鬼节”。此节的主要习俗是上坟烧纸。以前,村民在这天集体上老坟,即一个家族近支的会一块上坟,由一位德高望重的老人率领前往。如今,集体上坟的情况早已不存,都是各家上各家的。上坟的时间为晌午时分,一般是女性去的多,男性去的少。但由于七月十五是鬼节,是鬼日子,因此上坟的时间并不是在七月十五,而是在七月十四。正如当地俗语所说:“八月十五过正日,七月十五过十四。”所谓“十里不同风,百里不同俗”,在胡集村周边地区,各村过七月十五的日子并不相同。如:西北距胡集村1.5公里处的道口张村,就是过七月十五。与清明节不同的是,鬼节只上坟,不添土。上坟的过程也比较简单,简单带些供品及香、黄表纸等,到坟地后摆供、烧纸,然后嘴里念叨“给爷爷、奶奶送钱了”之类的话。

(七)中秋节

在当地人的心目中,八月十五中秋节是一年之中仅次于春节的重要节日，相比于其他节日，这天的活动相对比较隆重。

这一天，最重要的习俗活动就是家庭团圆，聚在一起吃团圆饭。在外上学的、工作的，只要有时间，都会这天返回家中。嫁出去的女儿则会在八月十四这天回娘家上坟，当天即返回，在婆家过八月十五——毕竟嫁出去的女儿已是别家的人。中秋节之前，出嫁的女儿还会给娘家爹妈买月饼等礼物，亲友之间也携月饼等礼物相互走动。

以前，农业生产基本全靠人力，通常八月十五期间正值农忙，“也得种，也得收，见天（每天）忙得轱辘轱辘的”[①]。村民在八月十五这天要包烫面、吃烫面，即用热水和好面，再用冬瓜、肉等做馅，包饺子，称为“蒸烫面”，通常于这天早上吃。如今，随着农业机械化的推行，八月十五前，庄稼活已基本完毕，因此人们有了更多的空闲时间。这天，村民一般都会做些好吃的，买肉、包水饺、熬汤、炒菜等，全家人一起吃顿团圆饭。

八月十五晚上，重要的仪式活动是拜月、赏月。待月亮升起之后，便在院子里摆好供品，一般月饼、梨、苹果等必不可少，所谓“八月十五月儿圆，西瓜月饼敬老天”。当晚晴天最好，月亮明晃晃地挂在天际，人们在月下上香、烧纸、祭拜月亮。

（八）十月一

农历十月一的主要习俗活动是上坟，当地称之为“送寒衣”，意思是天气冷了，人们都穿上了棉衣，当享受温暖之时，也就想到了故去的亲人，所以活着的人要买些黄表纸、香等，并带酒、菜等供品，去祖先坟上祭奠一下，以示人们对离世之人的关心与思念。而兄弟姐妹，也可趁此相聚。

（九）腊　八

腊八，即腊月初八。在胡集当地，腊八节的主要习俗是蒸腊八糕或煮腊八粥。蒸腊八糕，要用 8 人或 12 人的大锅，先蒸上一锅黄米饭，再放上枣、糖等吃食。然后用刀将蒸熟的腊八糕划成一块一块的，架在锅灶上保温。俗话说：“腊八腊八，冻死叫花。”腊八期间，通常是一年之中最为寒冷的时候，

① 闫大娘，女，胡集村人。访谈时间：2017 年 3 月 25 日上午。

蒸腊八糕并周济穷人，体现了富人对穷人的关怀。在当地，只有大户人家才蒸腊八糕，小户人家则只煮腊八粥。腊八粥是用各种杂粮做成的，如玉米、高粱、小米以及各种豆类等，至少包括五六种粮食。过去，这些粮食基本都家家自种，现在则一般都是去粮店里买。如今腊八之日，已基本没有再做腊八糕、腊八粥的人家了。

过去，胡集村在腊八之际有为了孩子长命而舍粥(或糕)的习俗。与蒸腊八糕并施舍穷人不同的是，腊八舍粥并不一定是大户人家。以前，医疗条件差，小孩子夭折的事时有发生。若某家小孩子出生后身体不好，总是体弱多病，父母就会在天地神前许愿，说若自家的孩子能健康成长到8岁，就舍粥(或糕)3天，所谓“腊月初八，舍粥做神仙”。集体化时期，粮食紧张，一些在此之前许过愿的人家犯了难。正常吃饭的粮食都不够，实在没有多余的粮食再拿来舍粥，但许了愿又不能不还，怎么办呢？就煮一大锅饭汤，邀请四邻八舍的来喝，就权且当作舍粥还愿了。

(十)腊月二十三

腊月二十三，即小年，当地主要的习俗是祭祀灶王，具体又分为送灶与请灶两个环节。

腊月二十三晚上，在灶王爷神像面前，要摆上香炉上香，还要摆上苹果、香蕉、水饺之类的供品。以前，人们生活困难，供品相对简单，通常就是一碗干饭和一碗汤，普通的白菜豆腐和肉汤都行。摆好供后，面对神像跪下，并念叨道：“灶王爷爷本姓张，一碗干饭一碗汤，让你吃了别上那边胡囔囔。”随后将灶王爷揭下来烧掉，即代表将灶王爷送上了天。

灶王爷

送灶之后，要请灶。如村民讲：

每年腊月二十三，就把陈的(旧的灶王像)烧了，然后再贴上新的。为什么一年一换呢？因为要天天用灶台做饭，就容易把年画(灶王像)

熏得看不出样儿来了，所以就要一年一换。换的时候熬上汤、做上饭，叨念一套话就行了。①

以前请灶的时候要说这样的一句话，即“套话”：“灶王爷爷本姓张，命穷跟着我赵大汤，我是也没有干饭也没有汤，上天去你多说好话，下地来你少带饥荒。”据说，赵大汤是个光棍儿，家里很穷，看到人家贴灶王他也要贴，可家里啥也没有，于是在贴灶王爷像时就念叨了这几句话。这实际上反映的是以前人们生活水平普遍不高的现实——粗粮多，细粮少，因此在送、请灶王时只能做一碗干饭、熬一碗汤。

当地俗话说：“过了腊月二十三，一天强起一天。”以前生活比较困苦，一年到头都没有多少好吃的东西。但腊月二十三之后，新年将至，为庆祝新年，除极个别人家外，村民普遍开始改善生活，买肉、买鱼，包水饺、蒸年糕，生活水平得以提高，所以说“一天强起一天”。如今，随着经济的发展与人们生活水平的提高，平常日子和过年期间已无差别，这种说法自然也就不再适用了。

除以上节日外，其他一些就全国整体来说比较重要的日子，在当地并不盛行。比如端午节，用当地老百姓的话说就是：“俺这儿不兴”，“不讲究这个事”，“没什么活动，也不插艾”。至于端午期间的标志性食品——粽子，20世纪90年代以前，当地并没有包粽子、吃粽子的习俗。只是近年来，才出现了端午期间买粽子的现象，但通常也仅限于家里有小孩子的家庭，买几个给孩子吃。又如农历七月初七，绝大多数村民都知道牛郎织女的传说，但“没有拿这当一回事的”，跟平常日子没什么区别。

三、九月十五会

九月十五会，曾是胡集村如胡集书会一样的年度大事，其实质是物资交流大会。历史上，胡集村九月十五会曾是一个规模较大且远近闻名的物资交流大会。据史载：

传统的庙会逐步发展成有组织、有领导的物资交易会。全县最大

---

① 胡玉田，男，胡集村人。访谈时间：2017年3月25日上午。

的交易会一是惠城大会，二是胡家集大会。惠城大会拥有全县规模最大的贸易市场；胡家集是惠民县南部重镇，经济实力雄厚，是惠民县第二商业中心，每年九月初七举办一年一度的物资交易大会。会期内，车水马龙，人声鼎沸，交易商品繁多①。

会期的具体时间，虽名曰"九月十五会"，但却并非限定在农历九月十五这一天。通常，九月十五会是从九月十二大集开始，到九月十七大集结束，一般是6天。但有时也会根据实际情况进行调整，比如提前到九月初，有时也会延迟至十月份。除九月十五会外，胡集村还曾有春季物资交流大会，具体日期为农历三月初三。不过，与九月十五会是个纯粹的物资交流会不同，三月三主要是庙会，其规模也远没有九月十五会大。

九月十五会究竟起源于何时，现已不得而知，只知其有比较久远的历史。村民胡希文认为，九月十五会是由九月初九真武庙会演变而来的，演变的时间至少在清代。② 而据前述1997年版《惠民县志》记载，这种演变应是在中华人民共和国成立以后。不管是何时形成的，到中华人民共和国成立初期，九月十五会已规模庞大、交易繁盛。

九月十五会会址具体设在南圩子门以内、南北商业街南头西侧的场院里。每逢胡集大集，此处原本是圆蹄牲口——骡马市所在地。九月十五会时，由于地方相冲突，便临时让骡马市合并到东侧牛市内。抗日战争全面爆发后，为防止日军飞机轰炸，九月十五会一度迁至胡集村东侧的镇东刘村。因镇东刘村有一片枣树林，在林子内进行交易，可防止日军侦查与轰炸。1937年底，日军进驻胡集周边地区，烧杀抢掠，民不聊生，交易会被迫停办。1945年8月日本宣布无条件投降后，惠民县全境获得解放。1947年，惠民县进行了土地改革，农民获得了土地，生产积极性获得了极大提高，农业生产获得大丰收，九月十五会重又恢复。中华人民共和国成立以后，随着社会政治经济形势的好转，九月十五会更加兴盛。但很快，随着统购统销、公私合营等一系列政策的实施，九月十五会开始受到了诸多影响。尤其是1959年开始的"三年自然灾害"时期，村民都吃不饱，没有余力与心思再进行物资交流大会，此时九月十五会重又中断。1961年下半年，随着经济政策的调整，

① 山东省惠民县地方史志编纂委员会编：《惠民县志》，第295页。
② 胡希文，男，胡集村人。访谈时间：2017年3月26日上午。

生产逐步恢复，农民生活又逐渐好转，于是九月十五会又再度恢复。但很快，1966 年“文化大革命”爆发，九月十五会被列为“四旧”，于是理所当然地被“横扫”了。此后十几年间，大会一直再未举办。1978 年改革开放后，随着家庭联产承包责任制的推行，农村经济获得了极大发展，于是九月十五会重新恢复，会址也逐步转移至新修的东西、南北十字大街上。20 世纪 90 年代之后，随着商品经济的迅猛发展及市场网络的日益发达，九月十五会已不再适应时代的需要。由于“光赔钱”，不论镇政府还是村里都不愿意继续办下去，进入 21 世纪之后，九月十五会不再举办。

胡集村南大门

九月十五会期间，正值一年之中最主要的农闲季节。此时，地里的庄稼都已收获完毕，粮食入仓，柴草归垛，地场净光，麦子等越冬作物也已播种完毕，忙碌了大半年的农民终于闲了下来。由于秋收刚过，也正是农民手里最有钱的时候。于是，“他们拉着（牛车）老的，带着小的，到这里来‘赶会’，听大戏，品小吃，买衣裳，享受丰收的快乐”①。同时，秋收之后，嫁闺女、娶媳妇的人家也开始增多，也需购买、准备各种用品。因为九月十五会时，不仅各种物品种类齐全，而且价格相对便宜。总之，胡集周边几十甚至上百里范围内

① 韩克顺：《胡集书会》，第 27 页。

的民众，或步行，或坐马车、牛车，或骑自行车，纷至沓来。

大会期间，除胡集街上的店铺均开门营业外，繁盛的商品交易更是吸引了大批商贩前来做生意。平时胡集大集上的各行各业，大会时一样也不缺。与平日集市相比，九月十五会由于规模更大，来的人更多，因此各行各业的商人来的也就更多。以前交通不便，没有发达的交通运输工具，若时间短暂，自然也就无法吸引远地的客商，因“还不够在路上折腾的”。而九月十五大会前后共计 6 天，又规模庞大、交易繁盛，因此即使路途远的一些村民认为到这里赶会也是值得的。故而，与只延续一日的胡集大集相比，九月十五会能吸引更多、更远地方的商人前来交易。各地商人来到胡集后，在南北、东西商业街及各条街道上，搭起买卖棚，销售各类货品。另外，除各路买卖人外，九月十五大会也吸引了大量说书艺人前来摆摊卖艺，且比平日胡集大集来的要多得多。同时，胡集村还会专门请戏班前来演出，有时会请 2 个剧团，多的时候则有 3 个剧团，有吕剧、京剧等，他们搭台唱戏，表演自己拿手的剧目，力图吸引更多的观众。其他诸如变戏法的、耍猴的、玩西洋景的等也纷纷前来。

中华人民共和国成立以后，九月十五会由政府操办，并专门成立了大会秘书处。秘书处具体由胡集区区长或区委书记负责，从供销社、工商、税务等部门抽调人手到秘书处服务，并分派相应的工作。秘书处会提前印制大量宣传单，上面写明物资交流大会的具体时间，然后派人到河北、天津、河南等地广泛张贴。因此，九月十五会时，有来自黑龙江、吉林、辽宁、内蒙古、河北、陕西、江苏、安徽、河南等地的商贩。各地商贩来到之后，先到大会秘书处报到，然后再由秘书处具体安排营业地方。

九月十五会，主要是销售各种日常使用的东西，且都有具体的销售区域，如粮食市、布衣市、牲口市、百货、吃食等，另外还有很多说书的、算命的、拉洋片的、搞马戏团的，各行各业，无所不包。

繁盛的商品交易与众多的娱乐形式，吸引了大量民众前来赶会。大会期间，每天赶会的人数多达数万人。从早晨 9 点到晚上 10 点左右，整个胡集村的街道上、场院内，到处都挤满了人。叫卖声、唱戏声、锣鼓声、吵闹声，此起彼伏，人声鼎沸，热闹异常。总之，整个村子被挤得水泄不通。以前，稍远点地方的人一般都是坐马车、牛车等前来赶会。由于村内人太多，过于拥

挤，轿车子只能一律停在圩子墙外，根本不让进村。

不尽的人流带动了小吃摊的繁荣，尤其是在戏台、说书场子周围，搭起了众多的简易布棚，卖包子的、炸油条（当地俗称“馃子”）的、打锅饼的、烙火烧的、烤地瓜的、拧麻花的、卖糖葫芦的、下面条的、熬稀饭的，等等，各类小吃应有尽有。武定府（今惠民县）的艺兴园包子铺、滨县（现滨州市）邢家锅子饼、天津的炸耳朵眼和十八街麻花，都来胡集村赶九月十五会。丰富的美食吸引了众多赶会人驻足购买、品尝。尤其是中午和晚上“刹戏”（唱戏结束）之时，人们从戏台周围四散而去。各卖小吃的看到了商机，更是卖力地吆喝起来：“包子，包子，刚打笼扇的热包子。”“馃子，馃子，刚出锅的馃子，又脆又香。”为了吸引人，有些商贩则吆喝：“先尝后买，输不了眼色！”赶会的人则穿梭、围聚在各小吃摊前，但却不急于出手，而是左瞧瞧、右看看。被大人牵着手的小孩子（人太多，一松开就怕走丢了），则早已耐不住性子，嚷嚷着“我要吃这个、我要吃那个”。但不管卖的还是买的，每个人的脸上都洋溢着开心的笑容。[①]

① 参见韩克顺：《胡集书会》，第 27～28 页。

第三章
拜神与祭祖

神灵信仰是人类社会的一种普遍现象。与西方信仰基督教或诸多一神教的国家相比，中国传统的神灵信仰体系极为庞杂，既有佛教、道教等制度化的宗教信仰，也有无生老母、狐仙鬼怪等各种非制度化的神灵信仰存在；既有东岳大帝等被官方承认的"正祀"系统，也有某某老母等不被官方承认的"淫祀"系统。而具体到民间社会，所有这些神灵信仰又相互融合，形成一个非常繁杂的民间信仰系统，并成为我国"最重要的宗教传统"[①]。与此同时，我国历史上亦形成了非常兴盛的祖先崇拜传统，并进而衍生出各行各业的祖师崇拜现象。在一年之中的不同时间里，如岁时节日、祭日等，都会相应地进行祖先祭祀活动，以表达人们对祖先的追思。

一、四大庙

胡集村原有4个庙宇，即村东的浆水庙、村南的观音庙、村西的关帝庙和村北的真武庙。

真武庙是村里最大的庙宇，是胡集村"牛头棋盘街"的"牛头"所在。在胡集村，人们都称此庙为"正武庙"。之所以如此，村民胡希文解释说，是为

① 朱海滨：《民间信仰——中国最重要的宗教传统》，载《江汉论坛》2009年第3期。

了避清雍正皇帝的讳。因雍正的名字为胤禛，"真"与"禛"同音犯讳，所以才改称为"正武庙"。① 真武庙的具体创修时间，现已不得而知，只知其有比较久远的历史。而据出生于1931年的胡梅亭老人(已去世)所说，他小的时候曾在庙内供桌上见到有"万历二十七年(1599年)重修"的字样。② 据此可知，真武庙至少已有400多年的历史。

原真武庙所在地

民国时期，真武庙被政府征用，又在上面盖了几间房屋，改建为了"局子"，即如同现在的公安局。抗日战争全面爆发后，庙宇被日本人破坏。1938年，为阻止日军西进，蒋介石采取"以水代兵"的办法，炸开郑州北郊黄河南岸渡口花园口，造成整个黄河下游洪水泛滥。为了防堵洪水，各个村的庙宇都被拆掉，拆下来的石头、砖瓦及原来庙里的石碑等均被运到黄河大堤修建堤坝。③ 在此过程中，真武庙亦未幸免，被扒了个底朝天。从此之后，真武庙被彻底毁坏，且再未复建。中华人民共和国成立以后，真武庙原址又被人民政府征用，在上面修建了学校——先是胡集小学，后是农业中学。此后，农

① 胡希文，男，胡集村人。访谈时间：2010年3月1日。

② 胡梅亭，男，胡集村人。访谈时间：2010年3月1日。胡希文则认为，真武庙的创修年代，"最晚是唐朝，再上一步就是汉朝"。

③ 关于庙宇被拆以及砖石被运到黄河修建大坝一事的时间，又有1947年及中华人民共和国成立后等说法。

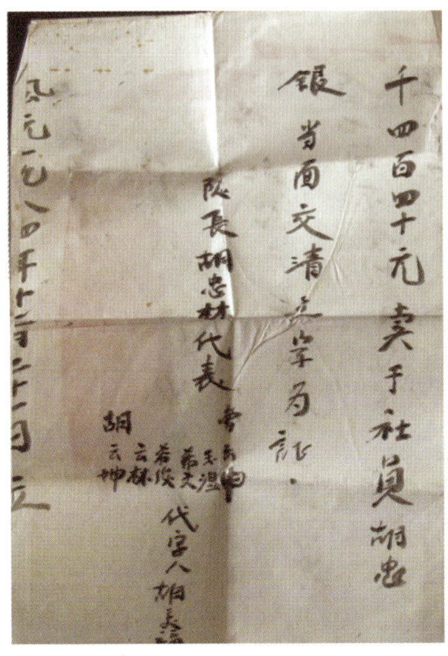
千四百四十元卖于社员胡忠
银当面交清立字为证。
队长胡忠林代表
代字人胡
一九八四年十二月二十一日立

房屋买卖契约

校又被改建为拖拉机站，再后来又变为第六生产队队部。20 世纪 80 年代初，胡海军的父亲胡忠银将原真武庙的地方承包过来，先是开电磨，磨面粉，赶着驴车到各村收粮食，加工好后再送货上门。1984 年 12 月，胡忠银又花费 1440 元从第六生产队将真武庙的地基及其房屋（共计瓦房 19 间，其中北屋 7 间，东屋 6 间，西屋 6 间，门市 1 间）买了过来，并写了正式的购买文书与房屋买卖草契纸。他在此干了三年电磨之后，又将其改为车马店，主要接待河北等地来胡集卖酱油、换散酒、换虾酱、换大小米的商贩。如今，车马店早已停业（曾有一段时间租给镇上中学作学生宿舍），整个院落只有胡海军母亲一人在此居住。

为何要建真武庙，村里存在两种不同的说法。一种说法是，不知哪朝哪代，有人对当时的皇帝说胡集这个地方风水好，将来定会出皇帝。对此，当时的皇帝很是紧张与忌讳，便问有何良策可破解此征兆，那人回答说盖一座真武庙就可以了。而真武庙所在的地方，正是胡集村的龙脉所在。龙脉被压，也就大大影响了胡集村及其周边地区的“发展”。本来，按照预言，胡集村会出皇帝，结果后来只出了一位娘娘；本来，胡集村及其周边地区会出“大将”，但后来只出了木匠、铁匠与石匠。总之，龙脉被压，大大影响了胡集人在“仕途”上的发展。如村民胡希文即认为：

> 胡集就是买卖好，不出人物才子。咱从清朝开始说，就没有做官的，官职最大的一个省议员，相当于现在的省人大代表。解放时期就出了个师政委、团长。打那以后，最大的就是副县级。[①]

为此，中华人民共和国成立以后，村里人曾几次商量，想把真武庙彻底拆除，将原南北商业街彻底打通，可惜最终无人敢动手。

另一种说法认为，真武庙是为了镇桑落墅而建的。桑落墅位于胡集村

---

① 胡希文，男，胡集村人。访谈时间：2017 年 3 月 26 日上午。

以北40公里左右，现亦为惠民县下辖的一个乡镇。相传，当年秦始皇东巡时曾驻跸于此，偶有桑枝掉落，故名。汉为富平县治所，晋称邵城。[①] 也就是说，历史上桑落墅曾是个风水宝地，连秦始皇都曾驻跸于此。但对胡集来说，桑落墅却压了村里的"脉"，因此对胡集村的发展极为不利。于是，胡集村村民专门请来高人寻找破解之法，高人指点说只需建座庙即可，于是胡集人才建了这座真武庙，并在里面挂了一口大钟。真武庙位于村北，正冲着桑落墅，一撞钟，桑落墅人就害怕，于是也就破解了桑落墅对胡集村的"危害"，并反过来压了桑落墅的"脉"。因此，桑落墅人对胡集真武庙的修建极为不满，经常偷偷派人来扒真武庙的影壁，为此两村经常开战。

我们很难判断哪种说法更为"真实"，但有一点可以肯定，就是在胡集人看来，真武庙所在地是一块风水宝地。据说，以前算卦的阴阳先生等，只要走到真武庙那儿，都会主动停下拜一拜。据胡海军说，生产队时期，距胡集40多公里的桑落墅一敲钟，就如同在他们家门前敲一样。这经常让他误以为是自己所在生产队敲上工的钟。后来他们家开车马店，早上听到卖豆腐的敲豆腐梆子声，于是就出门买豆腐，结果并没有看到卖豆腐的。他骑着自行车满村找，最终在距胡集村以南2公里的西花赵村找到了卖豆腐的人。也就是说，虽然卖豆腐的远在西花赵村，但在真武庙这个地方的人却能非常清晰地听到豆腐梆子声，就如同是在自家门前敲一样。这种说法是否真实，从没有人去验证，更无科学根据。如今，他的母亲仍居住于此，虽已80多岁，但身体非常硬朗。按胡海军的说法，这是村里的龙脉所在，一般人压不住，而自己的母亲命硬，所以能住在这里并保持体格强壮。而之所以要在门前修一座影壁墙，因为从这里一眼就能通过老南北商业街看到村南的公路，而这样对家宅是不好的。基于此，他认为真武庙的存在对胡集村有很大的好处，"必须得供着才行"，最好再"重新建设建设"。[②]

但是，抗日战争时期，真武庙被毁后再未重建，因此关于真武庙的具体布局等，胡集村的绝大多数人并没有任何观念或印象，只有少数年龄大的老人还有些模糊的印象与记忆。据这些老人模糊的回忆，真武庙为南、北两进

① 惠民地区地名词典编辑室:《中华人民共和国地名词典山东分卷·惠民地区部分》(未公开出版资料),1986年版,第144页。

② 胡海军，男，胡集村人。访谈时间:2017年3月25日上午。

的院落，南北长约 30 米，东西长约 20 米，再加上庙前影壁所在的地方，约有 1000 多平方米。真武庙的前面为一个大影壁，大影壁的前面为一个很大的广场，另在影壁的旁边建有一座钟楼。真武庙的大门很高，共有 7 级台阶。进门之后，为哼哈二将，主要负责守门。然后是头进院落，为 3 间大殿，里面供奉有真武大帝，另有 2 个配神：一个是雷震子；另一个手拿照妖镜的神灵，当地称为“闪光爷爷”。二进院落的房间里，供奉有很多小鬼。这些小鬼，大都被塑造得面目狰狞。他们的职责，主要在于惩戒世人。那些不孝顺、拦路抢劫之人，死后进入阴曹地府，就由这些小鬼来进行惩罚与处理。因此，小鬼的存在具有很强的社会教育意义。抗日战争爆发之前，真武庙内还曾驻有不少道士，还有一些云游至此一住就是一年的。此外还住有专门看庙的人。另外，真武庙曾经是有庙产的，即几十亩的土地，但后来都陆续卖给了个人。此外，在二进院落的某个房间内，还供奉有“坐地胡”的祖先牌位，因为真武庙同时亦为“坐地胡”的家庙。① 总之，据老人们的零星描述，胡集村真武庙曾是一个神灵众多、气势恢宏的庙宇。

20 世纪 80 年代末，胡海军家翻盖房屋，在现在院落前面的小影壁墙处挖地基，发现地下 3 米都是大青砖台阶。另在院子的东屋那儿，发现了一个很深的洞，越挖越大，拿很长的竹竿往里捅，没捅到底，拿手电往里照依旧看不到底。村民颇为恐惧，赶紧将其填埋了。关于这个洞，一说是早先生产队的地窖，用于存放地瓜用；一说是原先真武庙的地宫，里面珍藏着不少好东西，但无人敢进去一探究竟。

相比于早已不存的庙宇，更为胡集村上了年纪的人记忆犹新并津津乐道的是原真武庙里的大槐树。槐树非常粗大，3 个人手拉手也围拢不过来；槐树生长旺盛，整棵树的树梢铺散开来，能覆盖大约 1 亩地。有老人说，这棵树为建真武庙时所栽，但胡希文认为应该更早，至少应该是汉槐，因为他跑了很多地方，见了很多的槐树，但没见过如此粗大的。这棵树为“笨槐”，即黑槐树，而非现在常见的洋槐树。槐树的树干中空，一个人在里面完全能活动自如，小孩子们捉迷藏时都喜欢往里钻。

对这棵槐树，胡集人都非常敬畏。之所以如此，因为相传里面住了一条

---

① 真武庙究竟何时开始成为“坐地胡”的家庙不得而知。另，究竟是先有家庙，然后变为真武庙，还是先有真武庙，后又变为家庙的，亦存在着完全不同的说法。

大长虫（蛇），当地人称之为“龙仙”。龙仙长得非常粗长，头上还有长长的冠子。据说有位老太太曾见过龙仙的真面目。有一年的夏天，天降大雨，她看到有一条大蛇在真武庙西侧的水塘里饮水，蛇头在水塘这儿，蛇身子还在庙宇里面，尾巴也没露出来。据此可知，此蛇至少有十几米长。此外，据说那些曾在真武庙上学的孩子，在打雷打闪之时也曾见过龙仙出没。总之，关于龙仙之事，被村里人传得神乎其神。

正因为大槐树为龙仙的栖居之所，所以村里人都对槐树极为敬畏，轻易不敢靠近。大人总是对孩子们说：“那里有龙仙，千万别去啊！”虽然小孩子们都喜欢在那里捉迷藏，但却没有敢爬到树上去的。平日里、过年过节时，经常有村民到大槐树下烧香磕头拜龙仙。对于大槐树的枝叶，也无人敢攀折。中华人民共和国成立后，真武庙被改为学校。相传，一位居住在学校里的教师，在自己的房间里（以前都是泥土地面）发现了很多从土里拱出来的树根，也就是大槐树的树根。他嫌碍事，就用刀把树根给砍掉了。但很快，这位教师就生了病且医治无效，后来觉得是得罪了大槐树与龙仙，便赶忙给大槐树烧香磕头，并说了很多道歉的话，此后病情才逐渐好转起来。

虽然大槐树内住有龙仙，人们对其无比敬畏，但最终却也未能逃脱被砍掉的命运。时值“文化大革命”时期——打倒一切“牛鬼蛇神”、破除封建迷信的时代，时任大队书记的韩某认为，所谓的“龙仙”之说是封建迷信的表现，大槐树也没有多少用处，极力主张将大槐树砍掉。于是他与一位副大队长带领了几位村民前去砍树。但由于惧怕龙仙，无人敢动手——谁动个枝叶就生病，更何况砍掉它！书记见无人动手，便与那位副大队长举起斧头砍了起来，最终大槐树被砍倒了。大槐树被砍倒后，以 100 多元钱的价格，卖给了村里的一位李姓木匠及他的兄弟。由于树干都是中空的——即使稍微粗一点的枝条亦如此，因此作为木料，这棵树实际上并没有被派上多少用场。其中李姓木匠要的是树身子，并将其做成了牛梢头；他的兄弟要的是其他枝干，并将它们做成了马扎和割草的镰把等。但很快，厄运便降临到了砍树之人身上——韩姓书记，骑自行车去赶集，轧在西瓜皮上摔倒在地，摔断了耻骨。好不容易养好了伤，一咳嗽，胳膊又被震断了。1982 年因患骨癌去世。那位副大队长则得了胃病，40 多岁就去世了。两人相继去世后，厄运又降临到了李姓木匠及他的兄弟身上。按胡集村人的说法，李姓木匠最终是“断子

绝孙，家破人亡”。先是他的儿子，不到 40 岁就突然死了，其次是儿媳妇，然后是他的老伴，最后他也被病痛折磨而死。他的孙女，由于娘家无人，被婆家人虐待，也很快死去；他的孙子，看家中已无人，便到外地做了上门女婿，从此再未回来。李姓木匠的兄弟，只有一个儿子，干电锯活时被电死了。对于上述让人胆战心惊的“故事”，胡集村几乎每个上了年纪的人都耳熟能详。每每说起这件事时，话语中总是充满了对韩姓书记及李姓木匠的叹息之情，同时亦对大槐树被砍深表痛惜。

由于缺乏科学常识，村民往往将这些不幸之事与大槐树的被砍相比附，形成一些错误联想，带有封建迷信的色彩，但这也反映了人们敬畏自然，反对破坏大自然的朴素情感。

位于村东的是浆水庙，即土地庙。胡集村浆水庙建于何时，已不得而知。据村民口述，20 世纪 50 年代末 60 年代初，此庙就已被破坏，只剩下了庙宇遗址及几个残缺不全的神像。如同真武庙，浆水庙亦曾是一个很大的庙宇，传说是一个四合院，包括东屋、西屋、南屋与北屋等。相比之下，周边其他村落的浆水庙通常都很小，往往只是一间小房子，而胡集村的浆水庙之所以如此之大，与胡集村村大、经济发展水平高有直接关系。庙宇的每个房屋内都曾供有神像，但究竟是何神像，村里人已没人能说得出。直到 1949 年前，浆水庙里还曾驻有道士与和尚，遇有村民去世，事主经常会请这些道士或和尚到家中念经。另外，一进入腊月，和尚们便会每晚敲着梆子念经。

原浆水庙所在地

浆水庙的主要功能是人去世后在此送浆水(也称“报庙”),即向神灵报告某人死亡的消息。人们俗信,死者的亡魂在前往地府见阎王之前,会先在土地庙里羁押几天。而土地庙被拆,这些亡魂也就没了去处,便只能在土地庙附近游荡。另外,原来浆水庙所在的村东一带,也就是现中心小学附近,道路均为三股子道、五股子道的斜道,并非像十字街那样方方正正,而这代表着“邪气”,亦需要有庙宇镇住此邪气。按胡集村人的说法,近几十年来,村东头的人总是“不旺相”。据不完全统计,在一、二队三四百人中,得脑血栓、偏瘫的人就有几十人之多。村民们普遍认为,之所以出现此种情况,与浆水庙的失修有直接关系。据说,十几年之前,村里曾专门批了几万元用于浆水庙的复建工作,但最终却不了了之。如今,随着村里绝大部分的人口搬迁到新的东西、南北商业街内,居住在原浆水庙附近的人家已不多,加之人们思想观念的日益昌明,修庙之事更是无人关注了。

五股子道

位于村南头的为观音庙,村里人又称之为“娃娃庙”,因以前家里那些没有儿子的人家,都会到庙上去求子,即“拴小子”“拴娃娃”。娃娃庙的规模亦比较大,为一个独立的院落,里面至少有 3 间庙宇,供奉着观音大士的神像。只是中华人民共和国成立以后,神像很快就被移除了。据村里多位六七十

岁的老人回忆，自他们记事时起，就没见过神像，也基本没有前往祭拜过。但在中华人民共和国成立之前，确有人家前往求子的现象存在，另过年过节时，也会有人到庙上去烧香祭拜。集体化时期，庙宇曾一度租给外人居住。如今，庙宇早已不存，庙基亦被附近农户改成了菜地。

原观音庙所在地

位于村西的是关帝庙，相传修于清朝时期。与其他三个庙宇不同的是，关帝庙的规模很小，"连一米宽都没有"，里面刚够容得下一个神，即一个泥塑的关公神像。关帝庙上有一个小的木板门，平时关闭，上香的时候就打开——一般有事的人家才会去烧香。另外，每逢干旱，人们还会到关帝庙这儿来祈雨。但这基本都是中华人民共和国成立以前的事了。20 世纪 50 年代中期以后，关帝神像被毁，庙上的木板门被人拆下当作木柴烧掉，烧香祭拜之事也不再进行。村民说："神像都没有，啥都没有，还烧香干什么。"①由于庙宇很小，关帝庙并没有什么庙产，不过却曾有一匹马。这匹马是由村民及商户等集体凑钱购买的，献给关帝爷当坐骑的，因传说关老爷有一匹赤兔马。这匹马并没有专人管理，而是上谁家去就吃谁家的东西。话说某年的某一天，这匹马趴在关帝庙前一整天都没起身，满身流汗。人们看到后，都纷纷传说这匹马是跟着关公战蔡阳去了，并最终在古城下杀了蔡阳。由于驮着关公激战了一天，所以才浑身冒汗。为了给关老爷加油鼓劲，人们纷纷带着香、黄表纸等来到关帝庙前，跪地烧香祭拜。而在今天的人看来，马之所以卧地不起、浑身流汗，其实就是生病了。

① 胡玉田，男，胡集村人。访谈时间：2017 年 3 月 25 日上午。

以上我们对胡集村的4座主要庙宇作了简要介绍。如今,这些庙宇早已不在,大部分人除了知道村里曾有4座庙宇外,对这些庙宇已基本没有什么概念与印象,或仅从父辈口耳相传中听说了某些零散的故事或细节。而对那些七八十岁以上、曾亲眼见证过庙宇及其相关活动的老人来说,也由于年代久远、年龄增大等原因,对很多事情的记忆亦是模糊不清或前后相左。而这些庙宇,之所以在"文化大革命"之前就已被破坏,既与抗日战争、黄河泛滥等相关,也与这里为老解放区,革命比较深入直接有关。改革开放后,随着政策的逐步宽松,尤其是20世纪90年代以后,各地掀起了兴建庙宇的热潮,大量地方庙宇被复建。在这一过程中,胡集村却依然不为所动。虽然近些年来,村里不断有人呼吁重建这些庙宇,但却收效甚微,一直未能实行。这其中的原因是多方面的,既有长期革命传统的阻断,也有商业与经济发展所导致的"人心不齐",另外身为镇政府驻地的地域背景可能也起了一定的阻碍作用。

二、拜神与求神

民间信仰的一大特点就是它的"日常性"与"生活性"。一年之中,人们会随时根据生活的需要而进行求神、拜神的活动。这其中,既有围绕某个庙宇而开展的庙会等非日常性活动,也有神汉巫婆"治病救人"等日常性活动。总之,求神、拜神之事,贯穿于村民一年到头的生活之中。

在胡集村,一年之中最为外显的祭拜活动即是庙会。据韩克顺所说,胡集村的4个庙宇曾经均有庙会。[①] 但在实际的村落访谈中,我们发现,不知是因为年代久远还是其他原因,在如今胡集人的印象中似乎只有真武庙庙会。具体来说,一年之中,真武庙共有两个庙会活动,即三月三庙会与九月九庙会。如前所述,由于胡集村的庙宇被破坏得比较早,绝大部分村民对村里的庙会活动已没有什么印象,即使对于三月三与九月九真武庙会亦如此。实际上,正如出生于1931年的胡梅亭所说,他印象中自从6岁(虚岁)那年参加过一次真武庙会以后,真武庙此后就再未举办过庙会。[②] 也就是说,真武

① 参见韩克顺:《胡集书会》,第26页。
② 胡梅亭,男,胡集村人。访谈时间:2010年3月1日。

庙会最后一次举办的时间为1936年,距今已有80多年——也难怪村里绝大多数人都对其没有印象了。庙会之所以停办,与日军入侵及真武庙被毁有直接关系,并在此后再未恢复。此后,村民围绕真武庙举行的信仰活动,主要就是祭拜大槐树与龙仙了。他们在每月的初一、十五及过年过节,或遇到某些不顺遂之事时,往往带些香、纸等过来简单祭拜一下。"文化大革命"时期,受当时社会形势的影响,祭拜活动停止。此后大槐树被砍,原真武庙所在地也成了私人住宅,相关信仰活动便彻底停止了。

真武庙会之所以被定在每年农历三月三与九月九,是因为真武大帝的生日为三月初三,而九月初九则是其飞升成仙之日,所以全国各地的真武庙基本都会在三月三与九月九举行庙会活动。这一点,早在宋元时期就已如此了。① 三月三庙会期间,人们即将进入一年之中的第一个农忙时期,而九月九庙会期间,地里的庄稼早已收获完毕,正值农闲季节,因此在规模上,三月三庙会要小于九月九庙会。不过,虽然名称为"三月三庙会"或"九月九庙会",但并不是说庙会只进行一天,而通常会持续3~5天,三月三与九月九只是庙会的正日子而已。

与江南地区的传统庙会相比,除共有神灵祭拜活动外,华北地区因商业网络相对欠发达,庙会的经济功能通常会更重一些。② 加之胡集本就是一个商业繁盛之地,因此每届真武庙会期间,各地商贩总是早早前来摆摊做生意。胡集周边几十公里范围内的民众,皆扶老携幼纷纷赶往胡集。来到胡集后,民众先到真武庙内虔诚地烧上一炷香并磕头祭拜,祈求家人平安、诸事顺遂。祭拜完毕之后,便开始逛庙会、买东西、看大戏、听说书等。事实上,大部分人赶真武庙会的主要目的,并不在于叩拜神灵,而主要是购物与娱乐。在庙会期间,当地一般都会请戏班演出,在真武庙庙前广场上搭台演唱,既为娱神,更为娱人。此外,还会有说书、耍狮子、拉洋片、踩高跷等各类表演。总之,庙会期间,真武庙内总是人山人海、香烟缭绕,胡集大街上也是熙熙攘攘、人头攒动,到处呈现出一派繁荣、热闹的景象。

为保证庙会的顺利进行,每届庙会开始之前,都要成立一个专门的管理

① 参见王见川:《真武信仰在近世中国的传播》,载《民俗研究》2010年第3期。

② 参见赵世瑜:《明清时期江南庙会与华北庙会的几点比较》,载《史学集刊》1995年第1期。

班子以对庙会进行组织与管理,就如同九月十五会的大会秘书处一样。这个管理班子,由来自各行各业的人士组成,有商界人士,主要是胡集街上做买卖的各商铺;有扒手(即小偷),在当地曾有专门的扒手组织,并有一位总头目,负责管理胡集周边地区的扒手们(民国时期,当地扒手的头目姓尚)。除此之外,必不可少的还有胡集村的胡姓家族人士,而其中“坐地胡”又具有特别重要的地位。前已述及,真武庙又被视为“坐地胡”的家庙,里面供奉着他们家族的祖先。因此,在日常的庙宇管理上,诸如庙产(主要是土地)的出租与管理、日常的花销与账目来往等,均以“坐地胡”族人为主,其中又以胡希文这一支占主导地位。胡希文的远祖为始迁祖胡明武的长子胡应崑,为长支,用当地的话来说属“大份儿”,故占据主导地位。因此,在针对庙会而成立的管理组织中,也是以“坐地胡”“大份儿”为主导。

庙会管理班子具体负责庙会举行的相关事宜,如庙会日程、场地安排、秩序维护等。另外,向前来赶会的各摊贩敛会钱亦是庙会管理组织的重要任务。敛会钱,即向各个商铺及摊贩等收取一定数量的费用,以维持庙会正常运作、承担管理人员的日常消费等。敛钱的具体方式是:有人敲着鼓,有人踩着高跷,还有的人耍狮子,其中狮子在前面打头,即所谓“狮子开路”。整个队伍来到一家店铺或摊贩面前停下,然后进行表演,这时商贩就得拿出一定数量的金钱或具体的货品,交给队伍后面专门负责收取金钱或物品的人员,然后队伍再转向另一家,依次类推。

除真武庙会以外,围绕村里的其他庙宇,也都有相应的习俗活动。如村民讲:

> 抬着关爷去祈雨……愿意“拴孩子”的上观音庙,死了父母的上浆水庙。真武庙是大会,就是不管男女老少都上这来赶会。①

具体来说,围绕关帝庙的祭拜活动,大体可分为三类:一是遇有旱情时的祈雨活动。受季风性气候的影响,我国北方在春夏之交常会遇到干旱的威胁。遇有旱情,胡集村以前的习俗是抬着关老爷神像到徒骇河去求雨。具体做法是,祈雨队伍先到关帝庙前,烧香、烧纸并磕头祭拜,请出关帝神像,用一架简单制作的“辇”抬着神像,再步行前往约 5 公里外的徒骇河。队

① 胡忠先,男,胡集村人。访谈时间:2017 年 3 月 24 日下午。

伍到达徒骇河后，从河中取一些水，然后再抬着关帝神像返回村中，并将神像安放回庙宇中，即代表祈回雨来了。二是每月初一、十五或遇有其他事情时，到关帝庙烧香祭拜。三是在每年的农历六月二十四关老爷生日时，到庙里或在家里烧香祭拜。据村民访谈可知，围绕观音庙的信仰活动，最有特色的是“拴娃娃”。具体方式是，由结婚多年而不生孩子的妇女，或由她们的婆婆，带一根线，到观音庙内向神仙祭拜，这样就代表“将娃娃拴回家”了。此外，在胡集当地，还有到正月十二大集与九月十五会买“拴娃娃”的习俗，即买一个泥娃娃带回家，俗信可以早生贵子，或多子多孙、繁衍昌盛。①

围绕浆水庙（土地庙）的最主要习俗是在人去世时送浆水。除此之外，其他时日内则没有到庙上烧香祭拜的情形存在。不过，以前浆水庙内曾住有道士与和尚，人们有时也会到庙内去请他们做法事。前已述及，俗信人死后会先到土地庙那儿待几天，报个到，然后再前往阴曹地府。在此期间，死者的家人就要到土地庙内给他送吃的，即送浆水。20 世纪 50 年代以前，丧礼一般为 3 天，最隆重的要进行 5 天。在此期间，送浆水要进行 3 次。第一次叫“倒头浆”，在死者刚去世并穿上寿衣之后便即刻进行，意即让死者的亡魂先到土地庙内去报到。倒头浆的参与人，主要是死者的儿子、儿媳以及本家族的亲近子侄等。第二次是在亲戚来了之后进行，主要是各种表亲，参加者为儿子、儿媳、侄子及表亲等。第三次是在死者入殓之后或准备去火葬场之前进行，此时闺女、女婿亦参与进来，因人最多、最全，故又称“全浆水”。之所以第三次才会让女婿参加，因为他是外姓。第三次送浆水之后，死者即被埋入坟墓②或运到火葬场内火化。如今，浆水庙早已不存，但同真武庙庙会早已停办不同，胡集村送浆水活动一直代代相传，村中若遇有老人去世，人们还是会到原浆水庙所在地进行此项仪式。只是现在的丧礼仪式已大大简

---

① 在惠民地区，最著名的“拴娃娃”之地是每年农历二月初二的火把李庙会。每到庙会之日，河南张村制作的泥娃娃便在此大量销售，使火把李庙会成为一个娃娃的盛会，来此赶会的人们通常都会买个娃娃回家。（参见：《火把李庙会与拴娃娃》，载 2011 年 3 月 7 日《鲁北晚报》）

② 中华人民共和国成立以前，流行土葬，即将死者装入棺材再直接埋入坟墓内。但当地濒临黄河，经常会因河道决口发洪水，为防止洪水将棺材冲走，村民们采取了诸多措施。措施之一是采集黑槐树的果实，将里面黑色的种子取出，然后锤砸成泥。黑槐种子泥黏性非常强，据说能黏住碾盘。砸成泥后，再掺上其他东西，然后铺到棺材下面，这样就能将棺材牢牢黏住而不会被冲走了。旧社会的大财主家，就通常采用这一办法来处理棺材。另一种办法是先将棺材用油漆漆好，再运用其他一些措施，使棺材能完全防水。然后用一种金色的防水的粉末，在棺材上画上特别的符号或写上“某某的”字样。如此，即使发了洪水并将棺材冲走，也仍能找回来。

化,通常当天去世即当天火化。与之相适应,送浆水仪式活动也简化了很多。

除围绕庙宇所进行的敬神、拜神活动以外,胡集村村民还有围绕其他神灵的信仰与崇拜活动。从村落访谈可知,中华人民共和国成立之前,具体来说是抗战爆发之前,胡集村还存在过组织香社到泰山朝拜进香的信仰活动。只是由于年代久远,关于朝山进香的过程及仪式环节等已是语焉不详,不得而知。不过,历史上在惠民一带到泰山朝山进香的习俗活动非常兴盛。在今泰山北麓灵岩寺所留存的香社碑上,明确标有"武定州"(明代时惠民县为武定州)的就有3通,其中一通确切标有天启元年(1621年)。[①] 而到清末民国时期,惠民县的泰山香社活动达于鼎盛,"几无村不有,且耗费甚巨"。只是到20世纪30年代,受当时农村经济破产的影响,"事将弗缉而自止矣"[②]。对此,民国所修《续修惠民县志》卷二十五《风土志·泰山香社》有比较详细的记载,如组织规约、资金筹措、进香日期、出发前的准备与仪式活动以及结束在泰山山顶的祭拜活动后的娱乐及社交活动等,从中或可推知历史上胡集村的泰山香社情况。故兹不厌其烦,全文抄录如下[③]:

> 在河北、山东与河南之东部,最为兴盛。其组织办法,任何庄村,必须有一二人出首发起,出贴告白,声明有愿随香社者,定某月某日,在某处聚齐,公议社规。普通者有数条:
>
> (一)会齐社友□□,推一二人为社首,一正一副,招集封社,经管账目,出放生息钱财。社满时,领导诸社友烧香还愿。□违犯社规,社友得一律服从。
>
> (二)社友不准中途退社。如遇不能不退之事故,必须举出实事,准否由众公议。倘有无故退社者,社中得没收其以前所封之□□,且得受罚。
>
> (三)议定每月十五或初一封社,守定时间,逾刻不候。并议定每月封钱数目,凑齐整数,发放生息,大约是三分利息,每月封社时一齐交

① 参见叶涛:《泰山香社研究》,上海古籍出版社2009年版,第439、443页。

② 民国《惠民县志》卷二十五《风土志·泰山香社》。

③ 关于20世纪50年代之前惠民县的泰山香社概况,笔者查阅了由山东省图书馆所藏的民国《续修惠民县志》稿本。由于此稿本存在大量的修改且很多地方漫漶不清,故在此对无法认读的字以"□"代之,而对不能确定的字则在后面加"(?)"。

到。如交不到，连本抽回另放。连封带息，一齐拢成整数，发放。

（四）使钱得一人二保，如过某数，尚须指地作抵押。社友不许使钱，亦不准作保，此是最普遍的□□。积年累月，连封带息，到足敷全社友来往登山路费与一切花费时（约计三四年），即不上封，停息催款。虽系慈善事业，催款却极认真，往往当年近岁，逼与穷民其他难□，相逼而来，迫于众议，又懔惧神威，逼得典宅卖土，鬻妻质子，任如何穷疲无赖，总是难以挣脱，免不了如数还钱。账已催齐，年关存迩，即预备烧香还愿的事，亦分为二种，一为上山进香，一为坐山会。

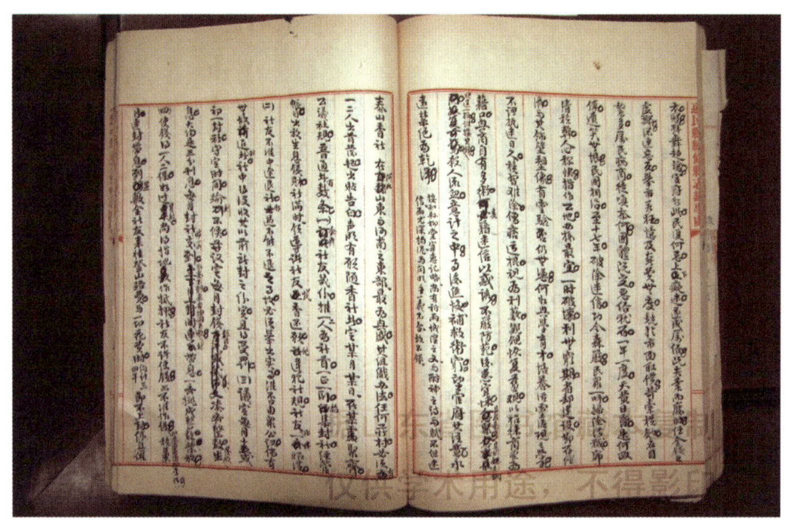

民国《续修惠民县志》有关泰山香社的记载

泰山进香

凡是香客，虽逢年节，亦不得好过，各忙个人的随脚鞋，并制衣服行装。社首尚得制上一对旗子，上书“某省府县村泰山进香”，盖执以号招（召）社友群众者。遇住宿时，尤须有人持之前行，觅得店房，插在门首，俾后来者易于寻觅。事前已有泰安的店主来会店，卖元宝的亦来会客。年节一过，大约正月初三日起身，亦有初二的。因为此两日起身，登山后尚能赶回济南来过元宵，故此两日起身者居多。起身前一日，香社总会与社友各家，俱供起泰山奶奶的祃子，锣鼓喧天，鞭炮齐鸣。香社上发钱粮，合庄挨门来上供。当夕各社友手捧满盘花火烧，挨门叩头辞

行。到晚，乡众各备酒肴，到社饯行。毕，社首传下号令，夜间头炮敲一遍锣，社友家起来烧火；二炮二遍锣，一齐用饭；三炮三遍锣，各来社会齐，发钱粮起身。社友家一齐遵照，届时齐起，天地神祖台前焚香献供，合家吃罢团圆饭，负起行装，向尊长叩头辞行，到香社总处集合。庄众毕至，发银粮号佛，各持香出送到村外，群呼保佑加脚力，一揖而别。

沿路遇庙烧香，逢寺拜佛。及抵岱麓旅店，休息半日，翌晨五更，由店伙执灯笼火把，导引登山。一入山口，闻松风飒飒，泉流澌澌。男女老幼沿路叫号乞钱。直莅绝顶，朝奶奶金面，发钱粮号佛，打金银眼。等功行圆满，兴豪者登玉皇顶，看日观峰，怯懦者就隙地休憩。亦有坦胸跣足，登绝顶表示真心者，唯恐人说心不真。继腰肿足烂，不能诉苦，遇颠仆蹴踵，亦得念弥陀佛。东南一带围墙，镌题“舍身崖”三字，其旁张贴告示，禁止舍身(《旧志·杂记》：崔名教，明季人，三岁失怙。母王氏少寡，抚之成立。既长，以孝闻于乡里。母病，每夜焚香，祈以身代。未几母愈，乃欣然辞母进香岱岳，寻所谓舍身岩者，一跃而坠，旁观大惊，以为粉齑矣。而名教竟从旁谷转出，毫无毁伤。康熙五年武定州知州旌其门曰“至孝格天”云。全按此说一出，不知死多少人矣。崔可为尽孝之至愚。不死乃异常之侥幸，若不看崖头幸而死，孀母能自存乎？以孝母而杀身，弊且至于间接以杀母，旌表胡为者)。一方标明，一方禁止，愈足使人注意，不如沿崖垒砌高墙，不题字之为愈。及朝山归来，人多不如来时之规矩，群到斗母宫拴儿拴女，鬼混一阵。到泰安城里，一游岱庙(俗名“阴阳天子殿”)，买一些土物(多儿童玩品)，匆匆言归。抵济南，游过趵突泉，即以为逛遍全省。因为烧香是行好，一路过河下店，任人勒索敲诈，不敢还腔。及到距家二三十里之镇店住宿，遣一捷足者到家报信，村众备车马，具灯景百戏，高夸故事，遥迎三十里。村中锣鼓喧天，鞭炮响震。入村争给迎风，见面道喜。发过送神祃子后，继有村众携篮提盒，内具食物来接顶，押还由泰安购来之土物，多儿童玩品。亲友遍来接顶，数日络绎不绝，忙出正月完事。似此成何等事，储蓄数年，催款几逼出人命，来回跋涉千里，需时竟月，惊动乡里亲戚之众，实不知其可也。逊清时，藩司按年启封扫库，且依时为神更换蟒玉，不为禁止，反而加以提倡，何也？更有藉烧香为由，登岱朝佛后，遍游群峰，

游徂徕，谒孔林，以寄豪兴者，名为游览社。

坐山会，一名懒跋涉。其发起组织生息催款之手续，与进香社相同，唯期满将款催齐后，趁春正二月，雇菊部一班，演戏三天或四天，各社友衣冠整齐，恭陪碧霞元君仙驾。依时拈香上供，随与大脯，同还一般心愿。无跋涉之苦，随饮啜之乐。三四日戏完，发了送神祃子毕事。

按上两项，三十年前，几无村不有，且耗费甚巨。自农村经济破产，事将弗缉而自止矣。推厥由来，一以科学常识不能普通，致迷信深中于人心，而莫可解救；一以公共娱乐缺乏，致农民劳余之间，情无所寄托，遂相率而入于迷途。禁止项(?)从(?)根本解决，禁令罚约，乌能有济。

针对真武、观音、关帝、碧霞元君等神灵，其主要的祭拜活动都是在庙宇等家户外进行的。此外，在村民的家户内部，也存在着比较兴盛的神灵信仰活动。这些在家中供奉的神灵，首先是各种人格神，如佛祖、玉皇、财神等。胡集村是商贸发达之地，财神在村民的神灵信仰中具有极为重要的地位，大多数商户、店铺都会在自己的店铺内供奉财神像，且通常摆放在比较显眼的位置，另外很多普通人家家里也会供奉。这种情况，至今依然盛行。除人格神外，还有各种灵异动物，主要是蛇、鼠、刺猬、狐狸、黄鼠狼等。其中，蛇被称为“龙仙”，鼠被称为“鼠仙”，狐狸被称为“狐仙”，刺猬被称为“豺仙”，黄鼠狼被称为“黄仙”，原真武庙大槐树内居住的就是龙仙。以前，村中老年人在家里供奉这些灵异之仙的现象非常普遍，如今虽然已大不如前，但仍比较多，“有一半的人，还供着”[①]。供奉并敬拜这些仙家的主要目的在于求平安，比如家里有人生病时就会供奉。与敬拜财神不同的是，针对佛祖、玉皇及各种灵异动物的供奉通常是私下的、秘不示人的。因此，供奉的地点通常是家宅中的里间或某个偏僻的房屋内。有的是放个牌位，上面写上所供仙家的名讳；有的是放个塑像，然后在前面摆上香炉，一早一晚，初一、十五，或到某个节日的时候，都要虔诚地烧香祭拜。

另外，泰山石敢当也是村民信奉的信灵之一，很多人家的墙壁上都镶嵌有“泰山石敢当”的石刻。

① 胡希文，男，胡集村人。访谈时间：2017 年 3 月 26 日上午。

泰山石敢当

香　炉

人们拜佛求神的主要目的是希望家人平安、诸事顺遂。尤其是遇到各种非人力所能左右的灾祸或不顺之事时，人们往往会更倾向于求助神灵。人们在遇事而求神拜佛时，除提供各种供品外，往往还会向神许下各种愿望。若愿望实现，则需要按当初许过的愿进行还愿，如重塑金身、买衣挂袍等。在惠民地区，受说书、听书浓厚氛围的影响，许愿说书（通常是3天）是常见之事。如此，就需要请说书艺人回家说书，即说还愿书。在胡集村，亦存在同样的习俗，只是如今随着说书市场的日渐式微，这一传统已不存在。

说还愿书时，说书艺人到达雇主家后，往往是在太阳落山之前参神。在此之前，主家先摆好一张桌子，然后在上面烧香、摆供，并下跪磕头。说书艺人则站在桌子旁唱“请神段”（也叫“参神段”），具体如下：

白：说书还愿朝朝有，时时刻刻记心头。今天本户还了愿，旧账新账一笔勾。

唱(打板、弹弦):一进宝宅抬头观,宝宅以里聚群仙。天地三界上边供,请来了四面八方的众神仙。张果老骑驴头里走,吕洞宾背着剑连环。曹国舅的横笛声音亮,瘸李拐的葫芦冒青烟。蓝采和手托阴阳板,汉钟离阴阳宝扇儿放光寒。何仙姑笊篱在肩上扛,韩湘子手托万宝小花篮。请来了大仙叫罗圣祖,后跟张千跟鲁班。刘伶爷醉酒□□□,杜康背着大酒坛。和合二仙抱头笑,刘海儿步步撒金钱。骑青牛的是孙膑,请来了王敖跟王禅。赵公明骑的是黑虎,请来了大仙小白猿。请来了上八仙、下八仙、中八仙。三八二十四仙都请到,财神喜神到门前。魁星老祖把宝宅进,提起笔来写对联。上联写福如东海长流水,下联配富贵荣华万万年。刘海儿就在空中站,站在空中撒金钱。金钱撒到溜平地,祝全家幸福万万年。①

“请神段”一般唱七八分钟,唱词固定,并不会像平日说书那样可随意添加字词。唱“请神段”时,主家会提前在供桌上摆一条烟,称为“请神烟”,烟下面压一些钱,声称是神给艺人的赏钱。唱完“请神段”后吃晚饭,晚饭后艺人即开始说书,通常为三天六场书。六场书结束后,再唱“送神段”。送神的仪式过程与请神基本相同,也要先摆好供桌、供品,然后说书人唱“送神段”,唱词与“请神段”基本一样,只是将“请来”变成“送走”。同样,供桌上会再摆一条烟,并在烟下压一定数量的钱,钱数通常比唱“请神段”时要少一些。

遇有灾祸或不顺之事,除向神求助外,还可向人求助。当然,这些被求助之人并非平常之辈,而是“具有一定神力”的人,即神汉、巫婆等。巫婆,胡集当地又称为“神妈妈”。虽说有“神力”,但也不是说一定要法力高强,可能只是懂得一点相关知识与仪式。事实上,在农村地区,这种人确实非常多。比如一个小孩子突然老是哭,或者没精神,可去医院又检查不出什么病症,这时人们就会断定他肯定是冲撞了什么或被什么东西吓着而失了魂魄,此时就需要找一位神妈妈或“懂的人”来叫魂。在胡集村,这被称为“收”或“叫叫”。

胡集村曾有很多神妈妈。村民胡希文的一位本家奶奶就曾是神妈妈,她无儿无女,孤单一人,她的邻居经常过去找她闲谈。一天,这位邻居对老

① 参见张玉:《民间艺人、书会传承与乡民社会——胡集书会调查与研究》,山东大学硕士学位论文2008年,第56~57页。

太太说："嫂子，你也没有后人，就把口诀教给我吧。碰到没魂的孩子，我给他们叫叫。"于是老太太就将相关口诀与知识教授给了她。诚如这位邻居所说的那样，遇有小孩丢魂之类的事，人们都开始来找她。通常，找人帮忙"叫叫"并不付什么报酬，顶多过几天送点包子等过去。所以，一开始帮人看病或"叫叫"，这位邻居概不收钱。随着她的名声越来越大，来找她的人越来越多，她就开始收费了。一开始是一盒烟，后来变成两盒，总之越来越多。看到这阵势，她开始意识到这是一个挣钱的好办法，于是买了剑、袍之类的行头，开始替人捉鬼拿妖。一开始她自己也没有信心，别人请她去，她总是和人家说："我还不大会，你可别笑话我啊。"后来，她变得越来越自信，手法也越来越灵活，仪式也越来越完备，包括洗手、净面、漱口等。在此过程中，她得到的财物也越来越多。但与此同时，村里人也发现她捉妖"并不太灵"。不过墙内开花墙外香，虽然村里人觉得她不太灵，但她在村外的名声却越来越大，很多人都慕名而来，如滨州、惠城（惠民县城）等。随着名声进一步扩大，她又重修购买了袍服，做仪式时还会戴上铃铛与头面，变得越来越"正规"。后来，她的老伴突然得了一种病，当地人俗称"兔子尾"，不愿意见人，看见人就害怕，整天缩在角落里不愿意出门。见此情景，她对自己的儿子说："你爹让鬼附身了，咱得赶它走。但我捉不住它，你来打它，把它打跑。"于是她的儿子就拿着棍子，使劲抽打自己的父亲，疼得他父亲"嗷嗷"直叫。而她则对儿子说："你打的不是你的爸爸，而是那个鬼，你没听到'嗷嗷'的叫声已不是人的腔调了吗！"后来，她的老伴就因此病去世，这位"神妈妈"非但未利用自己的"神力"将丈夫治愈，反将其推向死亡，这无疑是对她的"神力"莫大的讽刺，

周易八卦的广告

同时也进一步加深村民对所谓“神力”的怀疑和不信服。而这位曾经风光一时的“神妈妈”，也已于十几年前作古了。

三、长故望空祭先祖

中国人具有强烈的祖先崇拜情结，在一年之中的某些时间和场合，人们总会对祖先虔诚祭拜，胡集村亦存在相关的习俗活动。

（一）祭拜祖先

在胡集村，一年之中人们祭奠已去世先祖的时间，一是在各种岁时节日，具体如春节、清明节、七月十五、十月一等。每逢节日，人们便会举行相应的祭祀活动，或将祖先请回家中祭拜，或到坟墓上坟祭拜。对此，我们已在第二章作了相关介绍，兹不赘述。

二是先祖去世之日的祭日祭拜，即俗称的“上祭日坟”。与岁时节日祖先祭祀不同的是，上祭日坟通常只针对上一代展开祭奠，即在世之人对已去世父母的祭奠，通常并不会隔代进行。当然，已婚嫁的成年子女，若父母或其中一方仍健在，当父母给他们自己的上一辈上祭日坟时，有时也会前来参加，但通常也仅限于内祖父母。而一旦父母去世，这种“上祭日坟”的做法也即停止。给父母“上祭日坟”时，所有子女均会参加，因此这天出嫁的女儿必须回娘家。若父母一方仍健在，且未跟随子女居住，通常大家齐聚父母家；若父母均已不在世，则齐聚某个兄弟家。每位子女均会提前准备一定量的香、黄表纸、金银箔等和一些供品，如小菜、点心、水果、烟、酒、茶等，一起到坟上去祭拜，一般所有子女均会前往。到坟地后，摆好香、纸及各类供品并倒酒、倒茶，然后点香，简单说几句话，诸如“爹（娘），我们来给您上坟了”之类，随后将酒、茶等浇奠一下。待纸烧尽，大家下跪磕头，上坟即告结束。所带供品，如水果、馒头等，通常会留一部分在坟墓前。当地上坟的具体时间，通常是在午饭之后。这天中午，大家通常会准备一顿丰盛的饭食，一起追忆父母，相聚聊天。

三是上喜坟。上喜坟，即某家娶新媳妇入门前后，到祖先坟墓上坟，告知列祖列宗，家庭之中有喜事，让他们同喜，同时也希望他们的在天之灵能

予以保佑。上喜坟的具体程式是：娶媳妇的前一天，主家先到坟地在坟头上压红纸；若坟前立有石碑，则要在石碑上糊大红纸，意即告诉祖先与别人，我们家要有喜事了。新媳妇娶进门后的第二天一大早，再带新媳妇上祖坟上坟，意在认祖，毕竟媳妇属自家人，百年后是要葬入家族墓地的。上喜坟所带的供品、基本程式等与其他时日的上坟区别不大，最大的不同在于会放鞭炮。除娶新媳妇外，以前家里添丁，即新生了孩子，也会到祖先坟上去祭拜，告知祖先添丁之喜。如今这些习俗已基本不再流行。

祭祖的地点，可分为室内与室外两类。室内，主要是指家宅之内，如春节期间将祖先请回家中进行祭拜；此外，当地还有在家庙中祭拜先祖的仪式活动。历史上，不论“坐地胡”还是“迁入胡”都曾有各自的家庙，即真武庙与万古堂。当时，每逢新年期间，除每家每户在各自家中供奉自己本支的先祖外，还要集体到家庙中对整个家族的祖先进行祭拜。初一这天早晨，家族中的成年男性齐聚家庙之中，首先进行开庙礼，然后再进行祭祖仪礼。所有参加仪式活动的家族成员，在家族族长或德高望重的长辈的带领下，集体向先祖行祭拜之礼。期间还要烧香、摆供，燃放鞭炮，整个仪式隆重而肃穆。除新年外，其他重大节日（如清明）或举办庙会时，也要在家庙内进行祭拜活动。民国以后，随着家庙的破坏或被政府占用，家庙中集体祭祖的仪式活动逐渐消失。

室外，则是指墓地。不论历史上还是现在，胡集村并没有整个村落的公共墓地，但是各个家族都分别拥有自己的家族或家支墓地。最初，每个家族都有自己的一个公共墓地，被称为“老坟”。此后，随着人口的日益繁衍，老坟已不敷使用，一些家支便另择地建立了新的墓地，由此墓地日渐分散。按惯例，第一个率先分出的祖先，在过年祭祖时所悬挂的家堂，就以其为首来写。可惜，“文化大革命”时期，“破四旧，立四新”，家堂被焚烧一空。“文化大革命”之后，为节约使用耕地，很多老坟被扒平。如今，每个家族都有一处共用的墓地，地是集体的，使用无需交钱。通常，每个家庭或小家族都会在那里占一处地方，然后再按辈分具体排列。每座坟墓之前，有的立有石碑，有的没有，但总体来说立有石碑的居多。

（二）祭拜祖师

胡集村作为胡集书会的举办地与曲艺表演的“圣地”，除村民针对各自

先祖进行的祭拜活动外，还有一种比较特殊的祖先祭祀活动，即说书艺人对自己祖师爷或去世老艺人的祭拜活动。两相比较，村民的祖先祭祀是以“血缘”为基础展开进行的，而说书艺人的祭祖活动则是以“业缘”为基础展开进行的。胡集书会举办的正日子为每年的正月十二，按传统规矩，各地艺人们必须要在正月十一晚上（2014 年之后改为正月初十）之前赶到胡集村，或投宿于熟悉的村民之家，或入住于村中各个旅店。这天晚上，待艺人基本聚齐之后，便开始举行祭拜祖师的相关仪式活动。

第一种仪式活动为敬拜祖师。作为一个从业行当，说书艺人同其他行当一样也有自己的行业神信仰。据访谈得知，书会艺人的祖师爷为东周第三任君主（前 696～前 682 在位）——周庄王。传说周庄王时，禁止人们打架斗殴，不许相互谩骂，主张以理服人。周庄王打鼓传臣，让文武大臣按照他的主张进行宣传，称之为“文治”。而梅子青、清云风、胡广利（也有艺人说是胡鹏飞）、赵恒立是当时周庄王的四大丞相，周庄王打鼓传臣后，四大丞相就往下宣传，后来就演变成为说书行的“四大门”。他们拿着大鼓召集人，向民众宣讲周庄王的主张与政策，而群众则免费管他们吃喝。再后来传徒弟，遂一步步成为说书艺人。因此，说书艺人都拜周庄王为保护神。[①]

除周庄王以外，书会盲艺人则以东方朔为祖师爷。东方朔为西汉著名文学家、滑稽大师，为山东惠民县何坊乡钦凤街人（一说为山东陵县神头镇人），其生性聪慧机敏，诙谐滑稽。晚年他回到故乡，为人看病，救济残疾人，并教他们弹弦说唱、占卜算卦，使他们有了谋生的本领，因此盲艺人都拜东方朔为祖师爷。

当正月十一晚上艺人齐聚胡集村后，居住在各旅店中的艺人便挂起周庄王的神像或牌位，上面写着“庄王邱祖之神位”，旁边则是名为“米福”与“小侨”的两位童子。然后燃起烟火鞭炮，在老艺人的带领下，大家共拜祖师神像（或牌位）。当到别的艺人所住旅店串门拜访时，进门也要先拜祖师像。[②] 具体祭拜仪式如下：所有艺人都手举着香站于祖师神像前，要求梅、清、胡、赵四大门的弟子都要在，若没有凑齐要下帖子请。然后众弟子共同念《四门上香请祖诗》：“四姓共议善门开，我把祖师请进来。庄王圣位居中

① 万风亭，男，山东省阳信县商店镇人。访谈时间：2011 年 2 月 13 日晚上。

② 参见山曼、李万鹏等：《山东民俗》，山东友谊书社 1988 年版，第 455 页。

坐，弟子升香祖师牌。”每门的人念一句，按照梅、清、胡、赵的顺序进行。[①] 念完之后，上香磕头，祭拜仪式结束。20 世纪 50 年代之后，这项仪式活动便再未举行。

第二种仪式活动被称为“长故望空”，是旧时胡集书会艺人在书会期间祭祀祖师爷或去世老艺人的仪式活动。具体祭祀对象，说法不一：一说是说书人先祖之一的胡广利；一说是某位不知名姓的老艺人；还有的认为并非专指某一位艺人，而是去世的各门派掌门人。过去说书艺人居住分散，活动范围较大，彼此间消息不通，有些门派的掌门人去世了大家也都不知道。艺人们都觉得就这样让他无声无息地去了很过意不去，于是各门派掌门人相互商定，利用每年胡集书会的大好时机，对那些去世的德高望重的各门派掌门人进行集体祭祀，不管他们是不是在胡集村去世的，也不管他们有无后代子孙。由于并非每年都会有门派掌门人去世，因此在祭祀频率上，通常要几年甚至是十几年才会有一次。[②] 不管哪种说法更为确切，在祭祀仪式上却是一致的。

正月十一晚上祭拜完祖师爷之后，就由梅、清、胡、赵各门派掌门人或德高望重的老艺人到各个旅店向众艺人敛钱，不管大人、孩子都要缴纳一定的数额，然后用这些钱买供品、黄表纸、香、鞭炮，并雇一队锣鼓手。此时一些参加祭祀的艺人已换好专门的服装，并在脸上涂上油彩，之后便在长辈艺人的带领下浩浩荡荡地赶往祭祀地点——胡集村南围子墙外西南角的一处空地。相传，胡广利或不知姓名老艺人的坟墓即在此，只是如今早已不存(许多老艺人建议胡集镇政府将坟墓再立起来)。到达祭拜地点后，先摆好供品、纸、香等物，然后所有人便面南列队站于坟前准备行祭拜之礼。随着主持人宣布仪式开始，顿时鞭炮齐鸣、锣鼓响起，并点燃黄表与祭香，然后由推选出来的主祭人宣读祭文，随后众艺人在各门长辈艺人的带领下按行辈一一磕头祭拜。此外，化过妆的艺人还要跳一种类似于驱傩仪式的舞蹈以表达对亡故艺人的怀念。

另外，还有个别艺人针对故去的师祖进行的祭拜仪式，地点通常是在所

---

① 参见张玉：《民间艺人、书会传承与乡民社会——胡集书会调查与研究》，山东大学硕士学位论文 2008 年，第 18 页。

② 参见韩克顺：《胡集书会》，第 97～98 页。

居住旅店的院子里。过去由于信息不畅通，一些艺人到达胡集村之后才知道老师已故去，为表达对他的哀思及对自己的栽培之情，师兄弟们便带领本门众弟子在院子里烧纸祭拜。[①]

望空仪式是早年间胡集书会期间正月十一晚上的重要活动之一，现已不存。据从1958年起就连续前来参加胡集书会的山东阳信老艺人万风亭讲，他所记得的最后的一次望空仪式是在1958年，此后此仪式活动就再未举行过。[②]

祭拜活动结束之后，艺人们回到各自居住的旅店，然后在祖师爷神像或牌位之前，由长辈艺人主持进行教育、惩罚犯错弟子的仪式活动，这被称为“坐堂”。俗话说：“国有国法，行有行规。”对于一个艺人来说，要严格遵守行规，尊敬师长，爱护后学。对于违反行规、虐待师长的艺人，则会严加惩处，情节恶劣且影响极坏者更是会被逐出师门，并通报各门派，此后永不得再入行说书。这在说书行内被称为“坐堂”或“整理家法”“整理家规”。胡集书会期间，艺人云集，同门师兄弟聚集一堂，恰可进行此项仪式。正月十一晚上入住旅店之后，师傅即将本门所有弟子召集在一起进行训话，将一年来的情况总结一下。表现好的，当众表扬；表现不好的，则当众批评；对于那些平时犯错误比较多，或情节严重但又不听老师教导，甚至顶撞或虐待长辈的弟子，老师在这天晚上就会当着众人的面将这些事情说清楚。若众人觉得老师说得在理而弟子的言行又确实过分，就会帮老师惩罚违规弟子。据一些老艺人讲，“那可是真打”：他们将违规弟子摁到地上，用木棍或竹劈照着屁股猛打，经常会打出血，疼得哭爹喊娘。[③] 对于那些违规特别严重的，打完之后会将其赶出本门，以此清理门户。而在胡集村也确实发生过一次清理门户的事情，但由于年代久远，人们已记不清是什么时间、哪个门派的事了，只记得那个人叫刘公宅，不愿意学习，成了逃徒。老师惩罚了他两次，但仍不见成效，最后只好将他开除了。[④] 不过惩罚或殴打弟子的事件主要是发生在中华人民共和国成立以前，现在已没有了。一是不能再像以前那样随便打

---

① 胡玉田，男，胡集村人。访谈时间：2011年2月17日晚上。

② 万风亭，男，山东省阳信县商店镇人。访谈时间：2011年2月13日晚上。

③ 万风亭，男，山东省阳信县商店镇人。访谈时间：2011年2月13日晚上。

④ 参见张玉：《民间艺人、书会传承与乡民社会——胡集书会调查与研究》，山东大学硕士学位论文2008年，第28页。

人;二是受曲艺市场不景气的影响,现在学习说书艺术的年轻人已很少见,且基本都是作为一种业余爱好或艺术特长而学习,因而过去那种严格的教育方式已不再适用了。

第三种仪式活动被称为"叩门"。过去说书艺人地位低下,生活艰辛,共同的身份体验与生活经历造就了艺人间的亲密情感,并形成了互帮互助的良好风气。若哪个艺人平时遇到什么困难,其他艺人绝不会袖手旁观,总会给予力所能及的帮助。如果哪个老艺人去世了,或者哪个艺人家里有长辈去世了,正月十一晚上去世艺人的徒弟或家中有长辈去世的艺人,就会挨个旅店走一遍,向住在那里的艺人报丧,并给长辈艺人叩头,这被称为"叩门"。其他艺人得知老艺人去世的消息后,亦会纷纷解囊给点烧纸钱以示安慰。遇到这种情况,如果碍于情面不说,反而会遭到其他艺人的批评。这一活动,既增强了艺人间亲如一家的关照之情,也增进了艺人群体内部的相互团结与身份认同。20 世纪 90 年代以后,此仪式活动逐渐消失。

第四章 艺术传统

我国各地民间，存在着非常丰富的艺术表现形式与浓厚的艺术表演传统，如戏剧、曲艺、秧歌、扮玩、社火表演等。与纯粹的、舞台化的艺术形式相比，这些民间艺术具有非常明显的生活化特点，即它们总是与老百姓的日常生活紧密结合在一起。每逢岁时年节、庙会活动、喜庆之日等，通常都会伴随着一定的艺术表演活动。借此活动，人们不仅获得了身心的放松与娱乐，同时也加强了人与人之间的情感交流与心理认同，因为艺术表演活动期间往往也是人情来往的重要时机。只是随着社会经济的日益发展及娱乐形式的日益丰富多元，这些传统的民间艺术表演形式正面临着越来越大的生存挑战，随之其所蕴含的情感交流、心理认同等社会价值亦日益流失。

一、一年十三台子戏

历史上，胡集村曾存在着非常繁荣的戏剧表演传统。过去，在胡集一带，曾存在这样一句民谣："不图宅子不图地，图的是胡家集一年那十三台子戏。"意思是说，过去胡集一带的闺女找婆家，都喜欢到胡集村来，个中原因倒不是因为胡集村富，而是因为这里演戏多，看戏方便。这句民谣充分说明了历史上胡集村戏曲演出的兴盛。当然，胡集村之所以戏剧表演丰富，主要的原因在于其商业的繁盛与经济的发达。正如胡玉田老人所说的那样：

跑马的、杂耍的、唱戏的，只要是来到胡家集就发财。要是在别地混穷了来这里就行。①

曲艺之乡

胡集一年究竟有没有十三台子戏，并没有人做过详细考证。实际上，这句话，在胡集村内还有不同的说法，如“一年两台子戏”“一年三台子戏”等。不过，在抗日战争爆发之前，胡集村内确实有非常多的唱戏演出活动。除四大庙会外，还有二月二龙抬头、清明节、六月二十四关老爷生日、八月十五中秋节、九月十五物资交流会等都会有戏曲表演活动，其中又尤以九月十五会最为兴盛。出生于 1949 年的韩克顺，小时候家就住在离演戏场地不远的李家园子附近，他曾撰写《胡集书会》一书，非常生动地描述了 20 世纪五六十年代九月十五会唱戏的情景。②

---

① 胡玉田，男，胡集村人。访谈时间：2017 年 3 月 25 日上午。为此，胡玉田还专门讲述了一个例子。他说，20 世纪 60 年代的某年，惠民县东路梆子剧团去淄博等地演出。结果到了地方之后，因为语言等原因，当地人适应不了他们的演出，结果越唱观众越少，别说给大家发工资了，最后连吃饭的钱都没有了。由于剧团演出的地方离胡集比较近，胡集就派车把他们拉了过来，然后在村头场院里搭台唱戏。连续唱了十几天，结果不仅把拖欠演员的工资全部发了，还另外多发了 3 个月的。

② 参见韩克顺：《胡集书会》，第 26～33 页。在此有关九月十五会唱戏情况的描述，主要依据韩克顺先生之描述。

前已述及(第二章),九月十五会一般是从农历九月十二开始,至九月十七结束。此时正值秋收之后的农闲时期,又是人们一年之中钱包最鼓的时候,于是这一带村民纷纷前来赶会购物、看戏听曲。九月十五会期间,戏剧表演通常一天两场,白天一场,晚上一场。其中白天的演出,一般从上午十点开始(当然,那时人们一般都没有钟表,也没有明确的时间观念),到中午十二点左右结束;晚上则一般从晚七点半开始,晚九点半左右结束,平均每场2个小时左右。

农村唱戏并不像城市,并没有固定的舞台。因此,要唱戏必须得先筑扎戏台。通常在九月十五会开始前的几天,村里找上一二十个年轻人,在村南头场院西侧,先用土筑一个南北长十几米、东西宽七八米、高约一米的土台子。整个台子坐西朝东,其中西侧呈斜坡状,以便演员上下台子方便。筑台子一开始即意味着九月十五会唱大戏要开始了。而人们对此翘首期盼了很长时间,因此一闻筑台之事,便纷纷踊跃报名参加。筑台所需之土,往往就地取材,在台子的北、东、南三面挖沟取土,沟宽、深各约一米,挖出的土刚好够筑土台子用。台子筑成后,再夯实压平,然后开始在上面扎表演舞台。先在戏台的四个角处各埋上一根粗大的木头柱子。柱子通常为做电线杆用的杉木,又高又直,还不太重。据说,这些杉木都是从村邮电局借的。四根柱子埋好后,然后再在上面绑上细长的竹竿。竹竿绑好后,要在上面覆盖上一领一领的苇箔席,然后再用秫秸打成的薄帐子把西、北、南三面围起来,至此,一个简易的戏剧表演舞台就扎成了。扎制舞台需要非常高的技术水平,长、宽、高都有一定的标准,因此这并非如筑土台一样人人都会干,都能干,而是必须组建专业队伍,在戏班人员的指导下进行。

舞台扎好后,九月十五大会开始,戏也就开唱了。有些年份会请两台子戏(最多的时候请过三个剧团前来),唱“对台戏”,村南一台,村北一台,或一台唱京剧,一台唱吕剧。大会第一天非常重要,被称为“头会”。白天村民既要赶会又要听戏,两头忙,自然无法专心致志地听戏。晚上则不然,摊贩全部停业,村民就能集中精力听戏了。如果唱得好,一传十、十传百,自然就能吸引更多的人来听戏,因此头会这天演员们总是格外卖力,看戏的人也特别多。为了抢个看戏的好地方,人们总是早早地就来抢占好位置,当地俗称“占埝儿”。近水楼台先得月,通常在太阳尚未落山,还高高挂在西边的天际

时，胡集村的小孩子们就已拿着马扎、床子或扛着矮凳子来到戏台前占地方。外村的孩子们也不示弱，他们虽然因为距离远，并没有随身携带着马扎、凳子等，但也能就地取材，在戏台的周边找一些砖块、坯块等，摞起来当座位用。为了给家里其他人也占个地方，他们还用树枝、土块等在马扎、凳子四周划上四条线，圈起一块地儿。此时离开戏的时间还早，由于担心自己占的地儿会被别人抢走，因此几个相熟的孩子之间便相互约定，大家轮流回家去吃晚饭，以便相互帮忙照看自己占的位置；或者急火火跑回家，拿个窝头、馒头，边啃着边跑回来；或者干脆连饭也不吃，一直在场地内守着。不过，这可苦了外村来的孩子们，他们不能如胡集村的孩子那样回家吃饭，只能在场地内干守着。很多时候，为了抢占个好地方，孩子之间，尤其是胡集村与外村的孩子之间，发生争吵是常有的事。此时，仗着自己是东道主与"地头蛇"，胡集村的孩子们总是显得格外的"理直气壮"。

夜幕降临了，人们在台子上挂上汽灯——一种灌上煤油、打上气、点上纱罩、再扣上玻璃罩的灯。以前，农村不通电，没有电灯，戏曲表演时都是用这种汽灯。直到20世纪70年代之后，随着农村地区电力的使用与普及，电灯才开始取代汽灯。此时戏台周围开始热闹起来，人们纷纷从四面八方赶来。早早赶到的孩子们脚踩着凳子，既要看管着自己的地儿，害怕被人挤走了，同时还要不停地向四处张望，看家里大人来了没有。若看到了自己家里人，他们就会便高声喊叫"娘，我在这里"，或"姐姐，快过来"等。通常，大老爷们儿不会去这块地方，怕被人耻笑，就站在戏台的外围听戏。此时，戏台前面孩子喊，大人叫，一片嘈嘈杂杂，好不热闹。

终于，锣鼓响了，戏要开场了。霎时间，骚动的人群安静了下来，村民们翘首期盼的时刻终于到来了，都开始聚精会神听起戏来。戏台前是里三层、外三层的听众：最前面的人基本全都是老人、妇女与孩子，坐着矮脚板凳、床子或者砖头、坯块；中间的人，坐在高脚长凳或杌子上；再往后的人则站着，最后面的人则站在高凳子上；还有的人则干脆爬到了院墙上、树顶上或附近村民的房顶上。如此，从戏台最前面依次向后，听众自然形成了一定的坡度，这样谁也不会挡着谁看戏。由于人太多，可能会有上千人，最后面的人，即使站在凳子上也看不清舞台上面演员的模样；有时看到热闹处，通常会发生"晃台"，即后面站着看戏的人，尤其是那些小青年们往前挤，你挤我也挤，

整片的人都开始晃动起来，往往会把人挤得喘不过气来，有时还会把人挤倒，非常危险。此时，就听人群中不断有人高喊："别挤了！""挤死了！""你踩着我的脚了！"蹲在戏台角落里维持秩序的民兵，都是些身强力壮、五大三粗的小伙子，此时他们便手里拿着枪（并没有填装子弹），来到人群里，不停地假装用枪托向前捣并大声高喊："向后倒，向后倒！"对那些向前挤得特别猛的人，这些民兵则干脆把他们揪出来弄到后边去，也算是对他们的一种惩罚。终于，经过民兵的一番努力，秩序又重新安定下来。有时，"晃台"严重时，戏剧演出不得不暂时停止，等秩序安定后再进行表演。在人群拥挤的过程中，很多人的鞋子被挤掉了，但根本无暇顾及。等戏散场之后，那些负责看台和维持秩序的人，会将散落在地上的鞋子收拾起来并放到一个地方，由专人保管，谁掉了鞋子就可以到那儿去找。由此可见九月十五会时胡集村戏剧表演的盛况。

拥挤的看书人群

晚上十点钟左右，随着"哈哈"一声响（演出结束的标志），表演结束了，当地称之为"刹戏了"。戏台前聚集的人群，"轰"一下四散开来。人们拿着马扎，扛着凳子，有的人还抱着孩子——不少已经睡去了，说笑着、品评着向四下走去。此时，戏台周围卖各种小吃的摊贩棚子开始热闹起来，每个棚子里都挂着个汽灯，叫卖声在点点灯火中此起彼伏。那些因占地儿、看戏而"忍饥挨饿"的孩子们，终于可以一饱口福了。对此，回忆起当年的场景，韩

克顺先生仍感到回味无穷：

当年，晚上看完戏，我父亲常给我买包子吃，花上5毛钱买10个包子，先给我一个吃着，剩下9个用绵纸(一种草纸)包着。我咬一口包子，一包油，那个香呀，没的说。①

晚上的戏结束后，人们开始纷纷往家赶。可看戏的人绝大多数都是胡集村以外的人，往往还要走四五里甚至十几里的路才能回到家中。这也难得外村的姑娘都愿意往胡集村嫁呢！不仅有更多的戏看，还能省去路上的劳顿之苦。当然，由于相互间的姻亲交往，很多人家在胡集村都有亲戚，因此亦可临时借宿于亲戚家中。不过，虽有奔走劳顿之苦，看完戏后结伴而行也是一种别样的享受。对此，魏集村魏俊杜老人回忆说：

年轻时到胡集听戏，听完了“灯戏”(晚上的戏)回家，胡集到魏集七里地，路上的人哩哩啦啦不断，说说笑笑，吵吵闹闹，不知不觉，一会就到了家。②

1953年之后，国家开始实行统购统销政策，公私合营，九月十五会虽然仍会搭台唱戏，但却也发生了一些变化，其中最重要的变化就是“戏不能白看了”，必须要花钱买票才能看。为适应形势的需要，九月十五会唱戏的地点也发生了变化，由村南头西侧场院转到了李家园子。因为场院没有围墙，任何人都可随意进入，这样也就无法卖票。而李家园子坐北朝南，四周建有高高的围墙，南面有一个大稍门，门一关谁也进不来，因此正符合卖票之需。唱戏的时候，在李家园子对面的一个栅栏门里卖票，1毛钱一张。此时，李家园子的大稍门一扇开，一扇关，并有两个人负责把门。人们拿着票，然后检票依次进入。很多小孩子想看戏，但又无钱买票，于是便偷偷爬墙进入。有一次，请了河北沧州的实验京剧团来唱戏。他们自带了发电机，在戏台上用了电灯，另外还有幻灯片放映的大型布景。新奇的舞台布置，大大吸引了人们的关注。据说，一晚上卖了1000多元，也就是说有10000多人前来看戏。一天晚上，散戏后人们都急着出门，结果因为太拥挤，把李家园子的一扇大门挤了下来，差点出了人命。此后剧团吸取了教训，散戏之后先安排民兵在大门两侧把守，以负责维持秩序，疏散人流。

① 韩克顺：《胡集书会》，第31页。
② 转引自韩克顺：《胡集书会》，第31页。

“三年自然灾害”及“文化大革命”期间，大会停办，戏自然也就不再演唱了。改革开放后，九月十五会重又兴办，戏也重新开演。但 20 世纪 90 年代之后，随着传统戏剧的日益没落，尤其是电视、网络等的普及，九月十五会很少有戏剧演出。

包括九月十五在内的庙会期间的戏剧演出，虽然兴盛，但基本都是从外地请来的戏班。除此之外，长久以来，胡集村村民也有自编自演的戏剧表演传统。历史上，由于商贸与经济发达，胡集村一直有比较好的唱戏基础。早在新中国刚成立的时候，当时村里的掌权人就曾专门请了一位民间戏剧专家，在冬季农闲的时候，教村里的年轻人学唱戏，不但教唱，还训练乐队，如板鼓、京胡、大镲、小钹等各种演出乐器，一应俱全。[①] 除“大炼钢铁”及“三年自然灾害”时，每到农闲时期，胡集村自编自演、自娱自乐的戏剧演出都一直进行着。但 1966 年“文化大革命”爆发后，“破四旧，立四新”，传统的说书、唱戏全被取缔，九月十五会等各种庙会活动也被停办，村民们自娱自乐的传统戏剧演出自然也就停止了。尽管如此，人们的戏剧表演热情却并未熄灭，而是充分利用各级政府号召普及“革命样板戏”的有利形势，结合村里已有的戏剧表演功底与传统，演唱起了“革命现代样板戏”。当时全国上下流行的样板戏主要有：京剧《红灯记》《沙家浜》《智取威虎山》《海港》《奇袭白虎团》，芭蕾舞剧《红色娘子军》《白毛女》，交响音乐《沙家浜》。而当时胡集村排演的革命样板戏主要有京剧《红灯记》《沙家浜》《智取威虎山》《白毛女》《风雷渡》等。不论演员还是乐队人员，均为胡集村村民。他们的总体演出水平虽不如专业剧团，却也是有板有眼，像模像样。

革命样板戏的演出，主要是在过年过节之时。当时，虽然很多村都能演一到几部革命样板戏，仅胡集公社就有 10 多个村，但水平比得过胡集村的却没有。出生于 1957 年的原胡集镇文化站站长胡同利，“文化大革命”初期只有 10 多岁，至今他仍清楚地记得当时的情景：

> “文化大革命”期间，我当时十来岁，我记得这个庄里爱演戏，而且演得好，演的是革命样板戏。我一开始只是积极分子，俺父亲是大队长，他演我就跟着……我们演过《沙家浜》《智取威虎山》《红灯记》《白毛

① 参见韩克顺：《胡集书会》，第 32 页。

女》《风雷渡》。一到腊月就开始排戏，由大队组织。村里演戏的人很多，胡集街是全公社第一！①

正是在演革命样板戏的过程中，胡同利崭露头角。1978 年，年仅 21 岁的他被任命为胡集人民公社文化站站长，这应该与此经历有很大的关系。当时，公社专门成立了毛泽东思想宣传队，整个队伍共有二三十人，主要由胡集村村民组成，不仅是因为胡集村拥有地利之便，更主要的是因为胡集村人演出水平高。村民胡友朋当时就是毛泽东思想宣传队的一员，对当时的情景同样是记忆犹新：

咱这个村还有一个不小的演出团体，我参加了。那个时候歌舞很少，就是唱样板戏。样板戏排好了以后，几个村联合起来，今天上这儿演出，明天上那儿演出。只是有的规模大，有的规模小。有时候还上县里去汇演。那时候每年去县里汇演，就是我们胡集村代表胡集公社。胡集公社在这里驻着，党委都在这个村里驻着。再说这个村里文艺骨干多，表演水平比一般的村高不少，所以每年都会代表公社上县里汇演一次。②

当时，毛泽东思想文艺宣传队的主要任务就是到各村进行宣传演出，在腊月与正月两个月的农闲时期，几乎将胡集公社的村子全部跑一遍。逢村民结婚等喜事或村里比较重要的活动，宣传队的成员就骑着自行车，带着演出道具，来到村子里，演唱革命样板戏。演出全部免费，只要大队管饭就行。因为演戏，村里至今仍流传着一个笑话。村民胡美福当时是毛泽东思想文艺宣传队的一员，经常参加革命样板戏的演出，只是总是演反面人物，如《智取威虎山》中的栾平、《红灯记》中卖木梳的等。为此，他的妻子就嫌弃他总演反面角色，不演正面角色。于是他到村宣传队领导那里要求演个正角。宣传队领导就让他出演《红灯记》中的正面角色李玉和。演李玉和，就需要穿上一件呢子服。当时宣传队制作演出服的呢子服是用麻袋布做的。由于身材相对矮小，胡美福穿上后，根本穿不起来，看起来人不像人、鬼不像鬼的。于是他主动对大家说："算了，我还是继续演我的反面人物吧，那至少像个人啊！"

① 胡同利，男，胡集村人。访谈时间：2017 年 3 月 25 日上午。
② 胡友朋，男，胡集村人。访谈时间：2017 年 3 月 25 日下午。

前已提及，“文化大革命”时期，很多村子都会排演革命样板戏。于是，公社就经常组织各村开展样板戏比赛。1971 年的样板戏比赛，胡集村和石槽朱村争得热火朝天，实在分不出胜负来。于是公社决定让两村再各自演一遍，再决定谁胜谁负。作为公社驻地，比赛自然是在胡集村举行。精彩的表演吸引了大量外村村民前来观看。为了方便村民观看演出，胡集村村民纷纷搬出了自家凳子给大家使用。比赛进行得非常激烈，两个村的演员都全神贯注地投入演出，虽然正值冬天，演员们只穿着薄衫，却一点也不觉得冷。由于观看的人比较多，最后面的观众只能站在凳子上看。其中一位站在凳子上的外村村民说：“都说胡家集强，我看着胡家集也不强过石槽朱啊。”结果这话让胡学才给听见了，他一下子就怒了：“不如石槽朱？我不让你看了。”于是他抓住凳子腿，一下子就将那人掀了下来，然后两人便拳脚相向地打了起来。最后，在大家的劝说下，争吵才得以平息。

除各公社组织文艺汇演外，惠民县也每年组织各公社到县里进行汇演，而当时代表胡集公社前往演出的就是胡集村。当时，除了排演革命样板戏，胡集村还曾自编自演了一些具有革命教育意义的小戏，韩克顺就是当时这些戏剧的编剧之一。胡集村毛泽东思想文艺宣传队就曾带着自编的小戏《转轨定向》与《植棉组长》到惠民县大礼堂参加全县的文艺汇演，并获得了一等奖。①

1976 年，“文化大革命”结束，革命样板戏不再演出，但胡集村演戏的传统却仍旧延续了下来。当时，为活跃人民群众文化生活，每到春节时期，惠民全县都要搞文艺汇演。为此，胡集公社专门成立了演艺队，也就是以前的毛泽东思想文艺宣传队，成员亦基本由胡集村人组成。当时，胡同利已成为公社文化站站长，为了参加文艺汇演，他自编自演了多出小戏。1981～1985 年，胡集公社代表队连续五年获得惠民县文艺汇演第一名。其中一个演出节目为《同行人》，讲述的是一个卖瓜的和一个卖虾酱的生意人围绕自行车气门芯发生的故事。1985 年，胡集镇建镇，当时镇政府每年给文化站批 500 元的经费，将其作为演艺队冬天排练戏剧的相关费用。一个冬天，演艺队基本要在全镇较大的村庄共演出 40 多场。扎个简易的台子，演艺队就能开始

① 参见韩克顺：《胡集书会》，第 33 页。

表演。一方面胡集村是镇政府驻地，另一方面演员基本都是胡集村村民，所以在所有村子中，胡集村是最主要的表演地点。这种演出形式，一直持续到20世纪90年代初期。此后，因为种种原因，戏剧不再演出，演艺队亦被解散。之所以如此，一方面是因为戏没人听了，另一方面是凑不齐人来演了。正如胡同利所说的那样：

> 现在过了正月十五，这些打工的就都上班去了。不是光胡集街这样，其他村也都这样。以前他们不是图钱，就是为了乐呵。可是现在人都去挣钱了，组织不起人来了。①

二、繁盛的民间艺术

在胡集村，历史上不仅有非常浓厚的戏剧表演传统，其他民间艺术活动也非常兴盛。当然，胡集村村民间艺术活动的繁盛，是与村域范围内浓厚的艺术表演氛围紧密相关的。实际上，胡集村所在的鲁北地区，一直有着非常悠久的艺术表演传统，不仅种类繁多，而且形式多样。对此，民国《续修惠民县志》曾有明确记述：

> 鼓词唱本风行最久，其移风易俗之效率，亦不在戏剧之下。盖以戏剧之举动，而责资颇巨，非合力大为，聚众之资不易。若鼓词则无三家村中十字街头，支起鼓板唱几句。论年代不必两汉三唐，讲事无须称王道霸，就一段故事，添上枝叶，配好韵谱，嚎嚎起来，即哄动大众之听。其派别多，名目亦繁。流行此间者，有平词，不必鼓板丝弦，据小说而为平话。所说为《列国演义》《西游记》《响马传》《残唐传》《七侠五义》《精忠传》《彭公案》《施公案》《包公案》等。以外，有鼓腔、梅花调、四页瓦、落子腔，其说唱非公子投亲即某大人私访，亦有唱八仙闹东洋、李翠莲上吊。
>
> ……所有山会、庙会无不以演戏招来商民，一则为酬神戏，如谢雨和病愈、还愿等；一则庆戏，如河上庆安澜、城市过年过节、举生贵子、庆寿等。②

艺术表演活动，必须要有一定的经济基础作为保证。作为商贸与经济

① 胡同利，男，胡集村人。访谈时间：2017年3月25日上午。
② 民国《续修惠民县志》卷十三《文献志》。

发达之地，胡集镇一直是鲁北地区的历史文化名镇。2008 年，胡集镇被中华人民共和国文化部命名为“中国曲艺艺术之乡”，就是最好的证明。总之，在胡集村及其周边村落，人们不仅喜欢看戏、听戏、演戏，还发展了其他地方的民间艺术表演形式。如河北王村的高跷、西董村的秧歌、魏集村的龙灯、姚家口的罗汉、老君堂的芯子、杜家的落子以及旱船、竹马、狮子舞、虎牛斗、老汉推车等。

花　灯

龙灯　当地称之为“耍龙灯”或“跑龙灯”。整个龙灯用竹篾扎制而成。先用竹篾将其骨架扎好，再在上面糊上白纸或绸缎，然后用彩色颜料画成龙的形象。龙是由一节一节组成的，包括龙头在内，通常三节到十几节不等，且为单数，每节中放置有蜡烛。另外，每节龙灯下面均装有木质手柄，以便演员在表演时持之舞动。表演时，一人高举由彩绸扎制而成的“宝珠”，于龙头之前引龙戏舞。耍龙灯的动作，主要有垛龙、龙摆尾、龙打滚、波浪浮、龙串柱、金龙盘柱等，花样丰富，类型多样。在胡集当地，耍龙灯深受民众喜爱，每逢重大的岁时节庆，都会耍龙灯庆祝。

芯子　又称“垛子”“平垛”，是一种古老的民间传统杂耍技艺。形式上，芯子有一人扛、四人抬、八人抬等多种样式。先用木头做一架子，然后上面立一高数尺的木杠，杠顶设一斗子，或呈荷花形，或为吊斗形，选一孩童站其

上。表演时，架子及孩童由人抬起，边走边做各种表演动作，呈现出各种惊险优美的造型。站立其上的孩童，一般为5～10岁，既要体型轻巧，又要扮相俊秀，还要有一站一坐几个小时的耐力与毅力。为此，通常上芯子之前，不让小孩子喝水。

秧歌 当地较为流行的有大鼓子秧歌、花篮秧歌等，其中大鼓子秧歌人员多、气势大、刚健诙谐，具有较高的健身和美学艺术价值。大鼓子秧歌的主要道具有伞、鼓、棒。伞，又分为“花伞”和“丑伞”。花伞，是指运用多种耍伞形式指挥乐队，统一舞姿、步伐；丑伞，主要用以引导队伍走出各种阵式。持伞者多为技艺娴熟之人。鼓，形同书鼓。持鼓人左手持鼓，右手握槌，配合节奏，边行进边击鼓，“大鼓子秧歌”也因此得名。棒，木质圆棒，多由青年角色使用，行进中表演棍、锏、钢鞭等传统兵器，增加了秧歌的阳刚之气。乐队的主要伴奏乐器有大鼓、锣、铙、钹等打击乐器。节奏缓慢深沉而铿锵有力，主要用其节奏控制表演队伍行进速度。一旦击起，声闻数里，成为群众观看秧歌的有声信号。表演队伍主要由青年男女组成，且大都会精心装扮，服饰随时代而变化。少男文雅洒脱，少女风姿绰约，男女相间，十分壮观。另有两种特殊角色：一是“丑”，二是“花”。所谓“丑”，指演员步伐随便，洋相百出。为喜剧角色，依演员条件而定多寡，主要扮演贪官酷吏、疯老婆、傻相公等，近年来亦扮唐僧师徒、过海八仙等。他们或伸舌挤目、疯疯癫癫，或峨冠博带、喜怒无常。所谓“花”，指演员装扮雍容，小步轻颤，笑而不发，秋波流转，彩带飘飞，舞姿翩跹，主要扮演大家闺秀、皇后仙女，人数也无定例。

落子 又称“莲花落”“打花棍”。表演时，一人打竹板，并不时地用一侧为锯齿形的长竹条划拉竹板，发出连贯的响声；一人则手持花棍，边唱边跳。落子原是过去穷人乞讨时的一种表演形式，后逐渐在民间普及，发展成为各地民间年节之时经常表演的一种集体性民间艺术形式。落子表演者有男有女，通常女子打竹板，男子持花棍，男女相间，女子每步一板，“嗒嗒”有声，男子则按打板节奏表演一定的动作套路。落子的表演阵势与秧歌基本相同，并在期间穿插一些地方小调，如《唱丰收》《话平安》等。

旱船 多用竹子或秸秆扎制而成，长2米左右，整个船身饰以纸花和彩绸，非常美观。为突出表演效果，有的船身装置了灯火，夜晚表演时灯光闪烁，再配上各种随风飘舞的彩带，表演效果极佳。旱船通常由两人表演，一

人扮渔夫，一人扮渔妇，渔夫划船，渔妇上船，内容多表现渔家的生活与情感。表演时，渔船时而悠然自得，时而又如巨浪袭来，四处颠簸旋转，表现了渔民与风浪相搏斗的场景，歌颂了他们与大自然斗争的气概。

舞狮表演 该表演一般由两人合作进行，其中一人扮狮头，一人扮狮尾，组合成一只大狮子，称为“太狮”；由一人扮成的小狮子，名为“少狮”；还有专门逗引狮子的人员，称为“狮子郎”。舞狮表演，通常可分为“文狮”与“武狮”两种：文狮表演细腻，柔和而稳定，主要动作有搔痒、舔毛、抖毛、打滚、抢球等，着重刻画的是狮子温顺可爱的一面；武狮则重武功，主要动作与技巧有跳跃、跌扑、翻腾、直立、走梅花桩、登高、爬梯、叠罗汉等，重在表现狮子威武雄壮的一面。以前，每逢新年、庙会及店铺开业等，都会有舞狮表演。

高跷 这是胡集地区非常流行的一种民间艺术表演形式。高矮不一，高的接近 2 米，矮的不到 0.5 米。高跷表演有很高的技艺要求，通常要求表演者要有一定的武术功底。如同舞狮，高跷表演亦有文、武之分。其中，文高跷主要侧重于踩、扭和带有故事情节的人物表演，如表演《西游记》《八仙过海》《梁祝》等故事中的人物。武高跷主要是特技表演，如向后下腰、两腿劈叉在地后一跃而起、跳过三四条搭起来的凳子等。①

由于有雄厚的经济基础，以上所提及的各种民间艺术表演活动在胡集村都曾存在过。如村民所讲：

> 以前比现在还多，秧歌队、高跷队、锣鼓队、舞狮子……那个时候这条街上演出不断，大鼓“吭吭”地响啊。春节前后没有农活，年轻的都愿意去，秧歌队、高跷队都是自愿组织的。②

当时，初一早晨吃过饺子，年轻人就自动汇集到村南头的场院里，“疯”似的狂舞起来。除年节外，每年 11 月前后送新兵时，村里也会举行盛大的秧歌表演活动。总之，1949 年前后，胡集街的各种艺术表演活动非常地“兴腾”。但 1958 年之后，随着大炼钢铁运动的开展及“三年自然灾害”、十年的“文化大革命”，胡集村的秧歌、旱船等民间艺术表演活动陷入了停顿。此后，虽然每逢九月十五物资交流大会，或平日逢二、七集以及秋后农闲时期，也会有来自河北吴桥等地的杂技、跑马之类的表演，但由胡集村村民自己组

① 参见韩克顺：《胡集书会》，第 34～36 页。

② 胡友朋，男，胡集村人。访谈时间：2017 年 3 月 25 日下午。

织、自己表演的此类活动却不见踪影了。

2006年，胡集书会被列入首批“国家级非物质文化遗产名录”。2007年，为烘托胡集书会文化氛围，胡集镇政府举办了包括元宵节灯展、焰火晚会、民间文艺汇演等在内的群众文化节。元宵节灯展，即在书会路上安放各种形状的巨大花灯，花灯扎制工作具体由胡集镇下辖的各个办事处负责。

艺术汇演

2007年的民间文艺汇演，则由胡集镇下辖各个办事处与村庄及胡集镇周边友好乡镇组织歌舞、舞龙、旱船、莲花落、秧歌等演出队伍，于正月十三这天上午，到胡集镇中心十字街进行演出。上午10点左右，各村的表演队伍打着写有本村名号的条幅前后相接依次通过书会路，边走边表演，锣鼓喧天，热闹异常。为了彰显实力，各村总是在演出规模、演出道具与服装上各显其能。镇政府则会象征性地给予每支演出队伍一点演出报酬，通常包括600元钱、2条烟和1斤花糖。在此过程中，作为胡集镇镇政府驻地及周边地区数一数二的大村、富村，胡集村自然是不甘落后，通常由村委会出面组织一支表演队伍，以参加正月十三上午的文艺汇演。表演者以老年人为主，另有部分在校就读的小学生，村里统一为他们购买了服装及锣、鼓等表演乐器。至此，中断了50年左右的秧歌等艺术表演活动又在胡集村“恢复”起来，但也只仅限于在正月十三这天演出。

总体而言，与周边其他村落相比，胡集村的秧歌等艺术表演活动极度沉寂。“胡集街现在没有秧歌队了，胡集街那些老人都没了”，“别村的秧歌队，像跳广场舞一样，天天晚上排练，俺胡集就不行了”。之所以会出现此种境况，村民认为：一是因为村里领导中没有爱好这些表演的；二是胡集村的表演传统已中断了很久，老人们并没有将此传统传下来；三是以经济发展为主导的思想，可能也在这一过程中发挥了一定作用。如村民胡同利所讲：

俺胡集甭管什么人都集中抓经济，其他的不考虑。因为一考虑就要分散精力，也得不到实惠。按说，胡集村有这个书会，组织起来比别的村强多了。我们应该多参加一些比赛，到其他地方表演表演。[1]

与秧歌、旱船、舞龙等艺术表演活动在胡集村中断了很长时间相比，说书在胡集村却一直坚持了下来。首先是逢二、逢七的胡集大集，除了“大跃进”“三年自然灾害”及“文化大革命”时期外，一直到20世纪90年代之前，基本上逢集都会有说书艺人来此表演。其次是九月十五物资交流会，也总会吸引说书艺人来此撂地卖艺。更为重要的是，胡集书会的展演一直未停止。即使在“文化大革命”期间，虽然书会的举办受到了严重干扰，但并未中断。艺人们不能明目张胆地赶集卖书，就潜入村中，雇书的再偷偷地与他们联系；艺人们不能说唱传统书目，就纷纷改说《烈火金刚》《林海雪原》等新书目，唱毛主席诗词，说歌颂“文化大革命”的小段，等等。作为胡集书会的东道主，胡集人自是每年都能感受到说书唱曲的热切氛围。同样，作为胡集书会的东道主及周边数一数二的大村、富村，每年的胡集书会，胡集村总会请艺人入村表演，且通常为当年胡集书会上水平最高的艺人。即使是20世纪90年代以后，随着全国曲艺市场的日渐式微，很多村落中断了请书传统，胡集村也仍将请书传统坚持了下来。[2] 正节加偏节，从正月十二到正月二十二，村里差不多每年都会有10多天的曲艺表演活动。

除了二七大集、九月十五会、书会期间，胡集村会有集中的曲艺表演活动外，在一年之中的其他时日里，村里也经常会有请艺人回家表演的情况存在，因为请书是当地百姓遇有喜事时不可或缺的庆贺活动：生子添丁会请书，嫁女娶媳会请书，老人祝寿会请书，高考金榜题名会请书，新房建成会请

---

① 胡同利，男，胡集村人；胡海军，男，胡集村人。访谈时间：2017年3月25日上午。
② 如2004年，只有两个村请书，其中一个即是胡集，另一个为魏集镇姚家村。

书，孩子挂锁会请书，拜神还愿会请书，生意开张或买卖发财会请书……总之，请书、听书习俗已深深融入村民生活之中。通常情况下，艺人都会根据雇主的情况选择不同的书段。比如，为小孩庆生通常说《麒麟送子》，为老人祝寿说《杜康造酒刘伶醉》或《白猿偷桃》，庆祝学生考上大学说《韩湘子讨封》，庆贺结婚说《龙凤呈祥》，庆贺生意发财说《度林英》，等等。[①] 只是，如今随着曲艺市场的日渐式微，遇有喜庆之事时请书表演的人家已越来越少，或者说已基本没有，代之而起的是歌舞团表演，“以前老人祝寿，都会请说书的，现在都请歌舞团了”[②]。

戏剧、曲艺、秧歌、龙灯等是传统时期人们娱乐的主要方式，而与这些艺术形式相比，说书具有无可比拟的优势：一是不受场地限制，大场小场均无所谓，不像唱戏那样需要扎台子；二是参与人数少，一两人即可，而不像唱戏或扭秧歌等需要多人参与；三是时间自由，不管白天、晚上，不论时间长短皆可；四是道具简单，只要一个书鼓、一把胡琴、一副铜（或竹、木）板即可，演员无须准备专门的服装，也无须化妆；五是接待容易；六是价格适中，请一场书的花费并不高，一般人家都能负担得起。[③] 喜庆之时请书、听书习俗的形成是多种因素综合作用的结果：首先，自然是受整个区域范围内浓厚的说书、听书习俗的影响；其次，胡集村发达的商贸与经济发展，尤其是大量店铺的存在，为请书、听书打下了深厚的经济基础；再次，也与说书这种艺术表演形式自身的优势有直接关系。

家庭或商铺等请艺人说书，通常都是通过集市请书或亲友介绍等方式进行的。以前，每逢二、七大集，集市上都会有艺人于此说书，谁家需要请书，直接到集市上与艺人约定价格和表演时间等。胡集书会时，大量艺人云集胡集村，想请艺人的人家亦可提前与某位艺人约定好表演事宜，待书会正节结束后再到主家进行表演；雇主也可以请亲朋好友打听一下，再选相熟或技艺水平高的艺人，约定好表演事宜。随着通信的日益发达，说书艺人都已配备了手机，并印制了自己的名片。据统计，早在 2008 年，印制名片的艺人

① 参见张玉：《民间艺人、书会传承与乡民社会——胡集书会调查与研究》，山东大学硕士学位论文 2008 年，第 57 页。

② 胡希文，男，胡集村人。访谈时间：2017 年 3 月 26 日上午。

③ 以 20 世纪 80 年代为例，平时说一场书只需 3～4 元，说得水平高的则需 8～10 元。

就已约占艺人总数的20%——通常他们的生活条件都比较好。[①] 如此,想请哪位艺人,只需打个电话即可。与书会请书不同的是,个人请书的时间一般较短,最常见的是3天,若是祝寿有时也只安排1天。艺人通常每天只说两场书,具体的说书时间视雇主的要求而定。家庭请书的主要目的在于营造喜庆气氛。比如为老人祝寿,为表孝心,子女请一档艺人回家说两场书,热闹一下。上午说一场,中午吃过饭后休息,晚饭后再接着说。村里街坊邻居都来听书,院子里挤得满满当当,主家也觉得脸上特别有光。而艺人为了聚拢听众,也为自己能寻找到更多的潜在客户,总是会特别卖力地表演,专挑孝顺的书段说,老人喜欢听,子女也高兴。[②]

竹 板

前来赶集或参加书会的说书艺人,基本全是些外地艺人。当然,历史上胡集村也曾出过一些曲艺艺人,其中一个即是胡同赞。胡同赞,艺名"胡台生",据说他母亲生他的时候曾做了一个梦,梦到他的儿子被一大群人前呼后拥地围着,由此她认为将来自己的儿子肯定会当大官。结果后来成了说书的,人家说她梦得挺准的,因为说书的不就被一大帮人围着嘛!胡台生有

① 参见郝沛然:《音乐与养家糊口——山东省胡集书会研究》,华中师范大学硕士学位论文2009年,第48页。

② 参见张玉:《民间艺人、书会传承与乡民社会——胡集书会调查与研究》,山东大学硕士学位论文2008年,第57~58页。

一个弟弟也是说书的，两人一起搭档说书。胡台生会说不识字，他的弟弟识字不会说，只负责弹弦、报书名等。按说，胡集作为曲艺表演的圣地，必然会带动村里自身说书艺术的繁荣与强盛，但现实情况却并非如此。实际上，胡集村并没有出多少自己的说书艺人。之所以如此，与说书行当地位低下有直接关系。过去，说书属于下九流①，社会地位不高，因此除非穷得生活不下去，没有多少人愿意做曲艺艺人。而胡集村，作为一个经济与商贸发达之地，人们的生活水准普遍相对较高，因此也没有改行做说书艺人的必要。

三、来的都是客

艺术表演是由人所进行的活动，其有两个基本的参与主体，即表演者与观演者。两者之间，除最基本的“演”与“观”（或听）的关系外，还会不可避免发生这样、那样的社会交往关系。对胡集村来说，相较于周边其他村落，由于经济与交通的发达，一年之中各种各样的艺术表演活动也就格外多一些，因此与各色艺人，尤其是曲艺艺人打交道的机会就更多。前已述及，受长期商贸发展的影响，胡集人普遍具有与人为善、不排外的良好性格，因此尽管过去说书唱戏属下九流，社会地位不高，他们还是像招待“客人”一样，热情接待所有前来表演的艺人。

首先是平时的集市书场。那些来赶集说书的艺人，通常较为固定，时间久了，也就与集市边上的住户、商铺等建立了良好关系，比如在某家存放点东西，或到某家倒点水之类的。曾担任过生产队会计的胡安年老人，家住村南头场院旁边，以前赶集卖场的说书艺人都喜欢到他家去倒水喝，而他也总是热情招待。为此，每到集市之时，他就和老伴早早烧好一大锅水，将几个暖水瓶全部灌满，再在里面放些茶叶，以备艺人们前来饮用。时间久了，很多艺人都感觉不好意思，非要给他们一些茶钱。如山东阳信著名的毛竹板艺人张义兴，每次去胡安年家喝水，就非追着要给他点钱。对此，胡安年总

① 对此说法，艺人自身并不认同。他们认为自己是中九流而非下九流，更有个别艺人认为说书的应是上九流。因为他们这一行是由周庄王的四大丞相传承下来的，因此说书的虽然没有具体职位，却能上金銮殿并能在那里谈古论今。

是坚持谢绝。[①] 对平日大集上说书艺人与村民或商铺之间的亲密关系，韩克顺曾用非常文学化的语言进行了描述：

平日集上来说书的也就一两档子艺人，大多数是一档子，熟人熟路。首先过来的是与这树[②]一道之隔的店主。他左手拿条板凳，右手提把茶壶，穿着粗布盘扣的褂子，灯笼裤，绑着腿，脚蹬踢死牛的双脸子鞋。干干净净，板板正正，出门便热情招呼："老哥，你来了，我一听这鼓声就知道是你。"

说书人放下鼓槌，笑哈哈地走过来，欠身接过茶壶，放在茶盘里，十分感激地说："老哥，每集都叫你费心。"

"哪里话，老熟人了，一家人不说两家话。"店主十分热情，"有事你打招呼。"

"你忙你的，有事还得麻烦你。"[③]

九月十五物资交流会，总会有剧团、戏班前来演戏。通常，剧团人员并不住固定的旅店，而是在戏台旁边的人家找房子住。韩克顺当时就住在村南头李家园子旁边不过50米处。由于家里人少，房子又比较宽敞，因此每年九月十五会时，总会有演员来他们家居住，或夫妻，或师徒。他们家并不收费，还会提供一些日常生活用品。于是为报答主家的热情招待，剧团总是会给他们家2张免费票，可凭票入场看戏。[④]

而真正体现艺人与胡集村村民紧密关系的是胡集书会期间。艺人参加胡集书会，首先接触的便是胡集村村民。历史悠久的胡集书会，培养了胡集村人爱说书、养说书的习惯。而在多年赶胡集书会的过程中，很多说书艺人也与胡集村村民建立了深厚友情，很多村民也都以能接待书会艺人为荣，尤其是一些书会名角，每次书会村民都会积极邀请他们到家里来吃住。久而久之，许多村民与艺人成了好朋友，并形成了固定的接待关系，双方以诚相待，亲如一家。如出生于1934年的胡玉荣老人家里以前就经常接待书会艺人。他从小爱听书，也能随口说上一两段，和很多艺人都成了好朋友，来参

① 胡安年，男，胡集村人。访谈时间：2017年3月24日下午。
② 即村南头以西场院中的大槐树，为平日集市书场所在地。
③ 韩克顺：《胡集书会》，第51～52页。
④ 参见韩克顺：《胡集书会》，第32页。

加胡集书会及平日赶胡集村卖书的艺人他几乎都认识。书会名角张义兴、李荣德等都曾在他家里住过。说起与书会艺人的交情，他如数家珍：

> 我和李荣德同岁。他（李荣德）爷爷叫李振邦，他爹叫李福瑞。张义兴的老师叫尹福胜。李荣德的师兄弟叫于义华，于义华的爹叫于振邦，是老艺人……张义兴说书的时候他随身带的东西都放在我这里。张义兴的兄弟小名叫小朱，徒弟小吴，跟我都很熟。他们来了有时住店，有时住我家。我十几岁的时候，李荣德的姐姐来说书，我就常和他在一起玩。①

按胡集当地的习惯，不出正月十五春节就不算过完。因此，正月十一这天，当各地的艺人如约赶到胡集村后，有些艺人还会去熟识的村民家中拜节。而胡集村则有浓厚的听说书、养说书的习惯，正月十一晚上家家户户包饺子，艺人们拜年时到谁家就吃谁家的。以前，有些艺人由于生活比较困难，来到胡集后旅店也住不起，很多人家便主动将他们请到自己家里，管吃管住。邻居们也纷纷赶来，询问是否有需要自己帮忙的地方。总之，在广大胡集村村民看来，请艺人来家居住，不仅不是“累赘”，反而是一件值得炫耀的事情。他们会自豪地说：“今年谁谁谁来我家住了。”正月十二这天早晨，胡集村村民也有包饺子的习惯，还会请相熟识的艺人到家中吃饺子、放鞭炮：一是庆贺新年后的第一个大集开张，祝愿新的一年里买卖兴旺，因胡集村大多数人家都做买卖；二是请艺人在自家过年吃饺子，好吃饱喝足到书场上竞场卖艺。②

胡集村村民胡玉荣

① 张玉：《民间艺人、书会传承与乡民社会——胡集书会调查与研究》，山东大学硕士学位论文 2008 年，第 48 页。

② 参见韩克顺：《胡集书会》，第 250～251 页。

正月十一晚上，有些艺人会住在相熟识的村民家里，但更多的艺人则在旅店内住宿，并与各店店主结下了深厚友情，被称之为“老店熟客”。其中最为出名的即位于胡集村老村南北商业街北头的胡家店（店主名胡忠银），也即原真武庙所在地，是20世纪80年代接待艺人最多的旅店。整个旅店坐北朝南，内有正房3间，东、西两侧厢房各7间。住店的费用最早是3角，后来涨到5角，再后来是1元。最初，旅店里只有炕而没有铺盖，这被称为“干打房”，后来才陆续添置了被褥等。艺人们可以只住店而吃自带的干粮，也可以在店里吃饭，如豆腐汤，2角一碗。按胡集当地的传统规矩，凡正月十二大集卖不下去（即没有村庄请）的艺人，可在旅店免费居住，一直住到正月十七。若艺人无钱吃饭，旅店也可免费给他们提供一些吃食，这被称为“有钱也住店，没钱也吃饭”。而在胡集村的所有旅店中，胡家店之所以接待艺人最多，就是因为店主胡忠银与艺人熟、关系好，可以说来参加胡集书会的艺人几乎没有一个不知道、不认识他的。如胡家店的老板娘讲：

> 1987年刘兰芳来的那一年，是艺人最多的一年。那年这个店里住了21帮子艺人，有3人一档的，有2人一档的，各屋里都有唱的、弹的。晚上没事了，这个说一段，那个说一段。村里店不少，他在俺这里住惯了。胡洪栾那个店没人去住，他就到十字街上去拦说书的，俺这里的人却忙不过来。早年那些说书的都和俺老头子相好。他也唱《沙家浜》，唱不上去就咳嗽，可热闹了。俺老头子开这个店不是为了纯粹赚钱，主要是为了跟说书的像朋友一样打交道。①

上述旅店现在早已不存，代之而起的是宏达等其他旅店。2007年以后，随着胡集书会重新“复兴”，每年书会各旅店内均会有数量不等的艺人入住，其中，海军旅店居住的民间艺人最多。② 海林旅店老板胡海林、海军旅店老板胡海军，为原胡家店店主胡忠银的大儿子、二儿子，他们子承父业分别开了海林、海军两家旅店。开旅店是祖上一代代传下来的事业，可以说来参加胡集书会的艺人没有一个不知道胡家父子的。由于艺人与老店主的老交

① 口述者为原胡家店店主胡忠银的老伴。具体参见张玉：《民间艺人、书会传承与乡民社会——胡集书会调查与研究》，山东大学硕士学位论文2008年，第50页。

② 若单纯以人数而论，某些年份，如2010年，当时胡集镇最好的旅店红太阳大酒店居住的艺人要多于海军旅店。但此店居住的通常为政府从各地曲协邀请而来的艺人，由政府买单。由于费用远高于其他旅店，极少有民间艺人在红太阳大酒店居住。

情，很多艺人是打听着胡忠银的名字来投奔海军旅店的。海军旅店位于胡集镇中心十字路口东侧、政和路路北的一条小胡同里，距离书会现场只有不足200米的距离。旅店有单间、三人间、四人间、大通铺等不同的房型，每个床铺每晚5～10元。胡海军和他父亲一样，喜欢和艺人交朋友，他的妻子王金玲是他在东北当兵时娶回来的东北姑娘，性格爽朗，为人热情，对每一位前来入住的艺人都能很快熟悉并能成为朋友。其实，胡海军在别处有自己的生意，并不指望开旅店挣钱，但考虑到与众多书会艺人的长久友情及他们的居住习惯，每年正月十一这天还是早早地将房间收拾好，等待艺人们的到来，目的就是为参加胡集书会的艺人们提供一个交流聚会的场所，而且收费也很低廉。正如他所说的那样："每年艺人们来了就在这里住，时间长了就成朋友了。我们胡家招待说书艺人是老店熟客。有钱也住店，没钱也吃饭。"正是由于胡家几代店主都把艺人当作自己的朋友来对待，和艺人们一处说唱，一块儿热闹，为艺人提供了方便、温暖的聚会场所，才使得其延续至今，成为艺人聚会的大本营。[①]

2013年以后，胡海军又陆续投资200多万，扩大了自己的店面，建成了有40多个房间、装有地暖的鑫隆商务宾馆。与此同时，胡集镇政府针对胡集书会的举办政策也发生了变化，传统参加书会的"本地"[②]艺人日益减少，而河北保定、石家庄等地受邀而来的"外地"艺人则逐渐增多。[③] 另外，艺人在胡集期间的食宿等也开始全部由镇政府来承担。为操作与管理的方便，镇政府将艺人们固定安排到了为民、宏达等几个商务宾馆内。可惜的是，鑫隆并不在此列。对此，胡海军很不高兴。他认为以前政府不出钱安排的时候，艺人都喜欢住他这儿，他对艺人也总是照顾有加；现在镇政府出钱安排了，却把他给忘了。尽管如此，胡海军还是和许多以前经常参加胡集书会的老艺人保持着良好关系。只是如今随着本地艺人的减少、老去及"外地"艺人的增多，他所熟悉的艺人也日益减少。

---

① 参见张玉：《民间艺人、书会传承与乡民社会——胡集书会调查与研究》，山东大学硕士学位论文2008年，第50页。

② 本地，指传统胡集书会参会艺人的来源地，主要是胡集所属的惠民县及其周边的阳信、沾化、庆云、无棣、商河、平原与河北沧州等县市。

③ 参见王加华：《"你"怎么看：胡集书会保护与传承的艺人视角》，载《民族艺术》2017年第3期。

鑫隆商务宾馆

按照胡集书会的进程，正月十二下午，卖下场去的艺人便前往受雇的村落进行表演。作为胡集书会的东道主与制高点（详见第五章），胡集村每年都会雇请艺人入村表演（2008年后改为镇政府分配艺人下村），从未有间断。对被请入村的艺人，村民都非常热情与尊敬。村民们都普遍认为，大过年的，艺人们撇家舍业、百里甚至千里迢迢地来到胡集，非常不容易，因此理应像对待自家亲戚一样热情接待他们。另外，作为周边数一数二的大村、富村，若被传出去没有好好招待艺人，在胡集人看来是一件极其丢人的事。以前，被雇请到胡集村的艺人，通常会被安排到村内条件比较好的人家居住，并由其具体负责接待，事后再由村里给予一定的物质与金钱补助。这些负责接待的人家，会专门腾出一间房，拿出干净或者全新的被褥，好让艺人们睡得香；拿出过年期间准备的年货，一日三餐，变着花样做各种好吃的，好让艺人们吃得好。20世纪90年代以后，招待艺人的一般标准是四菜一汤，会有鱼、肉、蛋及各种青菜等。只是按照传统规矩，与招待亲戚不同的是，招待艺人不能提供酒，因酒容易让人发晕，耽误演出。

2007年以后，每年被请或安排入村的艺人，村委会总会先在镇上的酒店宴请他们，然后再安排入住事宜。以前，这些艺人总是被安排在原村委会处居住。每次，村里都会专门给他们购买新的被褥、水壶、锅碗瓢盆、茶叶、蔬

菜、肉、面条等。书会期间正值冬季，天气寒冷，村里还会专门给艺人配备电褥子、电暖气等取暖设备。如今，被分配到村里的艺人，都是被安排在镇上的商务宾馆内居住，吃饭则直接记账，事后再由村委会负责结算。不过，2008年之后，随着胡集镇"政府买单，送书下乡"政策的实行，如今接待被安排到本村的艺人，越来越有一种完成上级部门"任务"的味道。尤其是随着当前农村管理体制的变化，村集体失去了收入来源，加之民众听书的热情越来越低落，于是对艺人的接待也就显示出一些"淡漠"之势。如2015年胡集书会，被安排入村的是来自河北沧州的王金升夫妇及他们的大女儿王敏。中午，村委会在镇上宴请他们，然后把他们送到了表演场地老村委会。结果到了老村委会后，就再也没人管了，既没有热水也没有茶杯，连盛放书鼓的桌子及艺人坐的椅子都没有，还是笔者跑到老村委会旁的胡玉田老人家，帮他们借了椅子、水壶及茶杯等。当然，这种完成"任务"的"淡漠"情况，并非只是胡集村如此，在其他村落亦同样存在，甚至是有过之而无不及，尤其是那些地理位置相对偏僻、条件较差的村子。

招待艺人的饭菜

在艺术活动的展演过程中，除"演者"与"观（听）者"之间会发生各种各样的关系外，不同的"观（听）者"之间同样如此，因说书、唱戏之时，也是人们

进行各种社会交往活动的重要契机。

在传统中国农村，人们的亲情关系主要分为两种类型，即族亲与姻亲。相比较而言，围绕村落艺术展演所进行的社会交往活动，主要是在姻亲之间展开的。

姻亲，即因婚姻关系而缔结起来的亲情关系。“不图宅子不图地，图的是胡家集一年那十三台子戏。”由于一年之中频繁的戏剧演出及富裕的经济条件等，胡集村成为周边村落女性想要嫁入的理想之地。① 总之，胡集村的通婚范围主要限于周边几公里范围内的村庄，“一般外村的也就是十几里地”，“一般都没有很远的，十里八里算是远的”。这其中，两三公里范围又占多数，比如东西花赵、镇东刘、镇东李、王福安、皂户杨、道口张、河沟陈、朝阳李、朝阳刘、张标家等。当然，也有个别比较远的村庄，如陈集、李庄等，距离为 10～20 公里，最远还有嫁到淄博桓台的，并且人数还不少。以前，婚姻缔结的方式基本全是靠媒妁之言，自由恋爱结合的极少。当然，如今随着社会交往范围的日益扩大及人们思想的日渐开放，胡集村婚姻圈的范围正在急剧扩大，自由恋爱的也日益增多。通常情况下，经媒人介绍而结亲的彩礼要高一些，自由恋爱的相对少一些。彩礼一般是 10 万元出头，然后娶到家一般要 15 万元左右。另外，由于胡集村经济条件好、演艺活动多，因此很多本村姑娘不愿外嫁，故存在很多村内结亲现象。尤其值得注意的是，最近几十年，村里还出现了一些同姓婚配的现象，有些甚至是同一个“院”（家支）的。这种近亲婚配现象会对胡集村人后代产生一些隐形风险，政府应予干预。此外，“倒插门”现象在村里也存在，但在村民记忆中只有一例。当地流传的老话，“孝子无能，改名换姓”，“生不回家，死不回营”，说的就是这种现象。

亲戚之间（主要是胡集村村民与外村亲戚）围绕艺术表演活动进行的交往活动，主要体现在胡集书会与九月十五会两个时段内。当然，确切来说，在这两个时段内，通常只是有“来”而无“往”，即都是外村亲戚来胡集村，而

① 正如村民胡玉田老人说的那样：“那么多说媒的人都把人家赶出去了，为什么给你说胡家集的你就同意了呢？这就说明一个问题，你只要一说胡家集，早有五分欣喜，要是别处的话一口拒绝。只要是一说胡家集的就是咱先看看试试。”“这个胡家集有集，做买卖方便，能挣下一些钱，经济也算富裕，外村的姑娘也是因为这个原因愿意来。另外，胡家集比较繁华。农村的生活也没有什么娱乐活动，但胡家集集上什么都有，杂耍的、捏面人的、跑马戏的等，所以说比较繁华，人们都愿意上繁华的地方去。”胡玉田，男，胡集村人。访谈时间：2017 年 3 月 25 日下午。

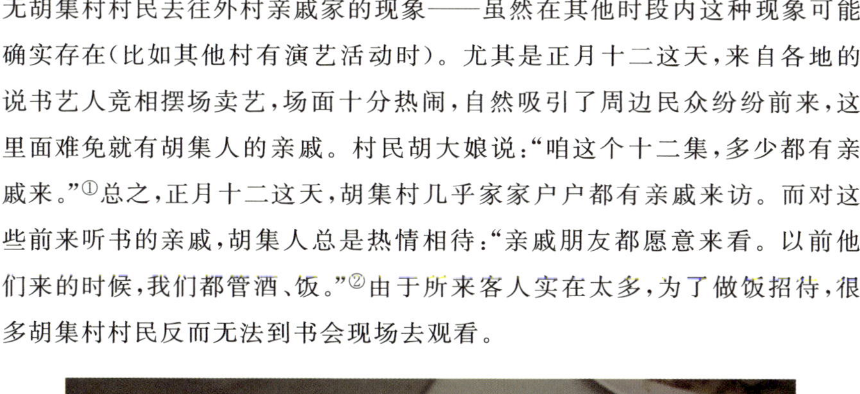

无胡集村村民去往外村亲戚家的现象——虽然在其他时段内这种现象可能确实存在(比如其他村有演艺活动时)。尤其是正月十二这天,来自各地的说书艺人竞相摆场卖艺,场面十分热闹,自然吸引了周边民众纷纷前来,这里面难免就有胡集人的亲戚。村民胡大娘说:“咱这个十二集,多少都有亲戚来。”①总之,正月十二这天,胡集村几乎家家户户都有亲戚来访。而对这些前来听书的亲戚,胡集人总是热情相待:“亲戚朋友都愿意来看。以前他们来的时候,我们都管酒、饭。”②由于所来客人实在太多,为了做饭招待,很多胡集村村民反而无法到书会现场去观看。

杠子馍

不过,为了不耽误主客双方听说书的时间,这天的客人接待通常是以简便为主。20 世纪 90 年代以前,这天一大早,家庭主妇就会做好一大锅白菜肉汤,并在箆子上馏上馍馍。谁听书饿了,谁就赶回来吃,吃完再赶紧赶回书场去听书。③ 这种饭食的最大特点就是简便,另外也不失档次,毕竟在那个物质生活相对匮乏的年代,有肉、有面食实属不易。当然这种饭食模式并非全村整齐划一,也并非在每个时段内都是如此,但简便是其主要特点。如今,随着胡集书会形式与规模的改变,这种饮食模式也发生了很大变化:一

① 胡大娘,女,胡集村人。访谈时间:2010 年 2 月 26 日上午。
② 胡友朋,男,胡集村人。访谈时间:2017 年 3 月 25 日下午。
③ 参见韩克顺:《胡集书会》,第 67 页。

是没必要了，因为走亲戚听书的现象已越来越少；二是因说书到中午既已结束，再不用为节省时间听书而吃这种简便饭食了；三是随着物质生活水平的极大提高，招待规格也已大大提高，少数来走亲戚的听书者，也不会再吃这种时下被认为是“低档次”的饭食了。

正月十二大集外，说书艺人在村表演期间，也有请亲戚来村里听书的现象。虽然胡集周边村落都有请艺人回村表演的传统，但总有一些小村限于经济能力，不能年年都请；由于地理优势及经济雄厚，胡集村每年请的都是艺术水平非常高的艺人。因此，书会期间，总会有一些人家将自己的亲戚请到本村来听书，或亲戚们主动前来串门走亲戚。而最典型的就是“母亲叫女儿”或“女儿拜母亲”。在前面(第二章)我们已有提及，胡集当地人在过年期间走亲戚，通常在初七八即结束。但有时为了能找一个来胡集听书的“正当理由”，有些人家会故意推迟来胡集走亲戚的时间，即拖到书会期间再来。

九月十五会是胡集村村民接待亲戚的另一个高峰期。期间，几乎家家户户都有亲戚来。以前交通不发达，人们出行基本靠步行，距离稍微远一些就会有诸多不便。而九月十五会，前后共计 6 天，又正值农闲，因此即使距离远一些也值得。再者，物资交流会期间，各地商贩总是驾着马车、牛车，带着货物前来，于是距离远的人也就可以顺便搭个便车。村民胡友朋老人就记得他的舅舅(距离胡集村 20 多公里)，总是搭做买卖的车过来，而正月十二胡集书会就不过来。总之，“九月份赶这个会的时候村里人特别多，就跟大集一样，各家都有亲戚朋友来”①。前来的亲戚朋友，通常都会带一点礼物，诸如点心、种子、土特产等。很多人家也会主动请外村的亲

道　别

① 胡友朋，男，胡集村人。访谈时间：2017 年 3 月 25 日下午。

戚前来，尤其是已出嫁的女儿们。村民们说：

> 九月会时，20多岁的孩子都会回来。跟俺这么大年纪的人都有闺女，家家户户都是一样，家家户户都跟折卸（非常忙乱之意）似的。反正自生活条件好了以后，蒸个馍，叫亲戚过来待几天。而请他们来的主要目的，就是“来听戏”。[①]

那些前来赶会、走亲戚的人，距离近的，在亲戚家吃中饭、晚饭，晚上听完戏后，就直接回家了；而那些距离远的，就直接借住在村里的亲戚家。因此，九月十五会期间，邻居们见了面时常会说：“俺家他大姑、三姨、外甥、闺女都来了，晚上睡觉挤得登登的。”看似像是埋怨的话语，但其中却总有掩饰不住的优越感与自豪感。[②]

① 胡忠先，男，胡集村人。访谈时间：2017年3月24日下午。

② 参见韩克顺：《胡集书会》，第31页。

第五章 说书、雇书与听书

胡集村之所以名闻天下，与胡集书会有直接关系。胡集书会，又名“胡集灯节书会”，因主要活动集中于正月十五元宵节——当地俗称为“灯节”前后，故名。作为我国现存两大传统古书会之一（另一个为河南宝丰马街书会），2006年胡集书会被列入首批“国家级非物质文化遗产名录”。历史上，尤其是清末民国时期，胡集书会曾极为繁盛。这一方面与胡集所在地区繁盛的曲艺传统有直接关系；另一方面，繁盛的胡集书会又反过来促进了当地曲艺氛围的浓厚。而作为胡集书会的举办地——胡集村更是在胡集书会的举办过程中具有举足轻重的地位，并形成了相较于其他村落更为独特的雇书、听书传统。

一、胡集书会

胡集书会是胡集村最重要的“标志性文化”，虽然2007年之后，随着胡集镇政府逐渐成为胡集书会的主办单位，书会逐渐出现了由“村里”向“镇上”的转变。胡集书会具有非常悠久的历史，其起源时间，前后有不同说法。据2005年8月惠民县文化局填写《国家级非物质文化遗产代表作申报书》时认为，胡集书会有300余年的历史。但近几年，无论是在胡集镇政府的官方文件、对外宣传材料，还是当地普通老百姓口中，胡集书会的历史则均为800年。

国家级非物质文化遗产牌匾

胡集书会从产生到现在，大体经历了一个兴起、繁荣、衰落、再繁盛、再衰落的曲折的发展过程。由于无确切资料记载，早期胡集书会的情况已不可知，现只能根据艺人口述资料得知清末民国时期的些许信息。清末民初至抗日战争全面爆发前这段时间是胡集书会的鼎盛期。据老艺人讲，当时来参加书会的艺人多达四五百档。抗日战争爆发后，民不聊生，胡集书会开始呈现萧条之势，但并未中断。20 世纪 50 年代初，胡集书会又开始进入一个新的高潮期，每年前来赶会的艺人维持在 300 档左右。① 不过到 1958 年，由于“大跃进”，胡集书会再次陷入低谷。这一时期，由于实行大兵团作战，村里正常的生活秩序被打乱，吃大食堂、住大通地铺、行动军事化、劳动战斗化，村已不是原来意义上的村了。这导致说书的无法出来说书，雇书的没有条件雇书。随即又发生了“三年自然灾害”，胡集书会陷入历史最低谷。1961 年，国家开始实行“调整、巩固、充实、提高”的经济政策，国民经济开始逐步恢复，人民生活逐步提高，从这一年到 1966 年，胡集书会又出现了一个小小的高潮期。“文化大革命”期间，胡集书会又再次受到严重干扰，但也并未中断，而是说书艺人纷纷改说《烈火金刚》等新书目。

① 参见杨子玉:《一个历史悠久的灯节书会》，载中国人民政治协商会议山东省惠民县委员会文史资料组编:《惠民县文史资料》(第 2 辑)，1982 年版，第 191 页。

刘兰芳胡集书会表演

1976年"文化大革命"结束以后，特别是1978年十一届三中全会后，随着农村家庭联产承包责任制的实行，广大农民的生产热情被激发了出来，生活也随之发生了巨大变化，雇请艺人说书的热情亦随之高涨起来，胡集书会又逐步恢复元气并走向繁荣。1983年书会，从各地赶来参会的艺人将近200档，1985年150多档，1986年100档左右。1987年，胡集书会达到"文化大革命"后的顶峰，仅登记在册的艺人就有173档、400多人，但据估计实际有230档、500多人。1988年书会，仍有150多档艺人前来参会。参会艺人增多，书会场面也异常火爆，方圆四五十里范围内的群众都如潮水般赶往胡集村。整个书场上人挨人、人挤人，"放眼望去一片人，不见身子只见头"(当地戏称"人头四滚")。卖书场地附近的屋顶上、院墙上、树杈上、猪圈上，到处都是人。1987年书会，当时的卖书场地——胡集曲艺厅院内由于人太多，以至于曲艺厅广场的大门都被挤了下来。书会结束后，书会管理人员仅在曲艺厅广场上就拾到五六筐鞋子。但从20世纪80年代末期开始，胡集书会又逐渐呈现衰落之势，1989年书会仅有50多档艺人参加。1990年之后，随着电视等的普及，群众文化生活日益丰富多彩，书会盛况不再。1994年书会仅有13档艺人，此后每年都只能维持在十几档、二三十人，最少的2004年只有5档、10余人。与之相应的是，书会上的观众也大为减少，稀稀拉拉、寥寥无几，用当地老百姓的话说，"扔块砖头也砸不着人"。与此同时，请书村落也逐步减少。20世纪30年代，整个惠民县就有1/3的村庄，即300多个村请书；20世纪50年代初，每年还有约200个村子请书；20世纪80年代，基本维持在100个村左右，书会较为繁盛的1987年有150多个。但20世纪90年代以后，每况愈下，很多村落中断了请书传统。2004年更是仅有2个村请书，一个是“地主”胡集村，一个是魏集镇姚家。[①] 2006年，胡集书会被列入“国家级非物质文化遗产名录”。2007年，胡集镇政府开始实行“群众听书，政府买单”举措，并广邀各地艺人前来说书，又使胡集书会呈现出繁荣之势。近年来，每年参加书会的艺人都有50～60档、100多人。

长期以来，胡集书会一直是一个自发性的曲艺交易盛会，且一直由德高望重的老艺人与地方民众根据约定俗成的规章进行组织与运转，如摆场亮书、考察雇书、支付定金、拿抵押物等，并没有任何官方力量参与其中，也未受到专业曲艺团体组织或相关人士的关注。直到“文化大革命”期间，胡集镇革命委员会开始介入到胡集书会运作中来，但这也仅是对表演书目进行限制，即不允许说唱传统曲目，其他方面并未干涉。“文化大革命”结束之后，从1980年王树桐来书会观摩开始，此后历年书会，不断有各级政府、曲协组织、新闻媒体、专家学者等前来参观、调研与报道。于是为做好对各方来宾的接待工作，同时加强对胡集书会的宣传，惠民县政府尤其是胡集镇政府（1985年之前为胡集镇人民公社）开始逐步参与胡集书会的组织、管理与协调，并在之后的各届书会中日渐深入，甚至成立了专门的文化工作办公室，对胡集书会进行重点管理。

1981～2006年，胡集镇政府虽已参与管理胡集书会的相关工作，但还只是有限度地“外围”参与，并未深入到民间艺人与雇书村落的交易环节中，胡集书会仍主要靠传统习惯与规制进行运作。但从2007年开始，胡集镇政府实施了“群众听书，政府买单”举措，开始全面介入胡集书会的运作，不仅为当年胡集镇范围内请艺人进村说书的村落报销请书费用，而且还组织举办惠民县群众文化节，包括制作元宵节灯展、举办焰火晚会、组织民间文艺汇演、邀请曲艺名家登台演出等。2008年，政府又采取了由镇政府统一定价再分配艺人下村的办法，即“政府买单，送书下乡”，完全接管了胡集书会的具体运作。从2009年开始，为扩大胡集书会的参与度与影响力，政府从全国各

① 参见韩克顺：《胡集书会》，第169～176、273～286页。

地邀请曲艺艺人参加“胡集书会”擂台赛。这些措施的施行，使目前胡集书会完全处于政府掌控之下。相应地，许多胡集书会传统习惯与情形开始发生改变：第一，村落考察、选择艺人的环节消失，改由政府考察，村落只需将分配到本村的艺人领回村即可。这使正月十二摆场卖书的性质发生了根本改变，由传统的竞场卖书变成了一种纯粹的展示性演出。第二，传统由村落支付书价的做法改为政府买单，最终书价多少也由政府来评定，村落只需负担艺人在村内表演期间的接待费用即可，这使得传统书会讨价还价、交定金、拿取抵押物等习俗消失。第三，扩大了艺人来源地域范围，出现了湖南、江西、安徽等地艺人的身影。同时，又使胡集书会正节艺人下村表演范围被限定于胡集镇一镇范围之内，即使在胡集书会极为没落的时期——20世纪90年代之后至2006年之前，虽然下村艺人档数要少，但涉及地域范围却更广。以前述2004年为例，虽只有2个村请书，但却涉及胡集镇与魏集镇。第四，受政府邀请而来的艺人日渐增多。即便此前经常参加胡集书会的民间艺人也会有一个名义上的邀请关系，但传统胡集书会艺人均为自发而来。

其他方面，如赶会艺人数量减少且年龄断层现象明显，50～70岁之间的艺人成为书会主力军；不管是正月十二的摆场演出，还是下村之后的表演，听书观众大量减少，且以中老年人占绝对多数。虽然2007年以后，在胡集镇政府的政策扶持下，胡集书会又再现“繁荣”，但赶会艺人与听众群体的年龄断层现象却并未改观。

总体而言，胡集书会主要由三个环节构成，即前节、正节与偏节，每一环节下又包含有一系列相关活动。这其中以正节最为重要，最为当地民众所看重。

前节 新年至正月十二之前的这段时间统称为“前节”。这期间，各地说书艺人边往胡集村赶，边沿途卖场说书。经过某个地方，有村庄或村民留下艺人说几天书，说完之后继续赶路。正月十一，各地说书艺人尤其是路途较远的，纷纷按时赶到胡集村，投宿于旅店或相熟识的村民家中。这天晚上，艺人们聚集于各旅店内，互致问候，畅叙友情，交流技艺。具体而言，主要有以下内容：聚会拜节，畅谈友情；敬拜祖师，长故望空；交流技艺，提前卖场；介绍新徒，师承门户；严守行规，违章必处；睦处挚亲，从尊纠理。2008年之后，又增加了胡集镇政府考察艺人、评定书价的活动。

正节 正月十二至十六为“正节”，是三节之中最重要、最隆重的一个环节。正月十二一大早，艺人纷纷来到胡集村“亮书场”，即摆场卖书，期间每位艺人都会使出浑身解数，说唱自己最拿手的书目小段，以争取观众，吸引雇主。而周边村庄也纷纷于这天派出自己的代表——请书人①，到胡集村考察并雇请艺人回村表演。经过多方考察与比较，发现中意的艺人后双方便讨价还价商讨雇书事宜。确定之后——艺人称之为“卖下去了”，村落即向艺人支付定金，并拿走艺人的某件乐器以作抵押。通常一个村庄只请一档艺人回村表演。另外，方圆数十里甚至上百里的村民也蜂拥而至胡集村赶集听书。正月十二下午，卖下场去的艺人偕同搭档赶往自己受雇的村落，晚上表演正式开始，一直持续到正月十六晚上。在此期间，艺人食宿均由村落负责。正月十六，表演即将结束时，村落向艺人支付提前讲好的说书报酬，即书价。十六晚上演出结束后，双方雇佣关系即告停止。

偏节　正月十七至二十一被称为“偏节”。正节演出结束后，若村落对艺人的表演极为满意或者“听上瘾了”，想继续雇请，双方可重新商讨雇书事宜，再继续表演到正月二十一晚上。而未被续请的艺人，尤其是那些在胡集村周边具有一定名气的书会艺人，则于正月十七这天回到胡集村继续卖书。一些正节时未聘请艺人的村落或家庭、店铺、单位等，即可前来雇请艺人回去表演，时间为三天或四天不等，而书价亦比正节低。

《中国节日志·胡集书会》书影

不过，以上所提及的胡集书会三个基本程式与内容，主要是就20世纪90年代之前而言，尤其是20世纪60年代之前。20世纪90年代之后，随着民众文化生活日益丰富及全国曲艺市场的日渐低迷，加之2007年胡

① 正节请书均以村落为单位，未有个人请书者。

集镇政府开始全面介入胡集书会的运行与操作，胡集书会的基本程式与内容亦随之发生了很大变化。就前节言之，由于少有雇书者，艺人演出机会大大减少，加之交通条件大大改善，往往当天出发即可抵达，因此提前多天离家赶场已没必要。正月十一晚上的活动也大为缩减，许多传统活动不再进行，如敬拜祖师、长故望空等。当然一些传统仍旧存在，比如聚会拜节，比较熟悉的艺人之间仍然相互走动、互致问候；再比如求予书目、切磋交流，在今天也仍旧兴盛。只是与 20 世纪 90 年代之前相比，热烈程度已大不如前。与此同时，2007 年之后，伴随着胡集镇政府“群众听书，政府买单”政策的施行，尤其是 2008 年由镇政府安排艺人下村举措后，正月十一晚上又增加了胡集镇政府考察艺人、评定书价的活动。2014 年，胡集镇政府又举办了第一届胡集书会曲艺擂台赛，时间被安排在正月十一这天，于是艺人报到的时间又由传统的正月十一改为正月初十。就正节而言，虽然正月十二这天的摆场演出仍旧存在，但由于是政府安排艺人下村，而非村落考察雇请，因此性质发生了根本改变。此外，讨价还价等传统环节消失。下村演出也由“一天 3 场”变为“一天 2 场”，共计 4 天 5 晚 9 场书。偏节也大为衰落，家庭、店铺、单位等雇请艺人说书的情形大为减少，至于村落继续雇请艺人的情况更是基本不存。总之，与 20 世纪 90 年代之前相比，如今的胡集书会在基本程式与内容上都大为简化，前节、偏节基本消失，只有正节仍能按照传统程式展开进行，但不论性质还是内容均已产生了一些变化。

从本质上来说，胡集书会就是一个区域性的文化交易市场，交易的双方分别是民间说书艺人与地方乡村民众，交易的商品则是曲艺艺术。因此，曲艺艺术是构成胡集书会的三个核心要素之一。

前来参加胡集书会的曲种形式有很多。大体而言曲种形式的发展可划分为三个时段，总体趋势是逐渐增多。第一个时段为 1981 年之前。在这一时段内胡集书会完全保持其传统风貌，书会上表演的曲种，除个别广泛流传的曲种之外，基本以河北、山东两省流行的地方性曲艺形式为主。据目前所知，具体曲种包括山东大鼓、西河大鼓、渤海大鼓、鲁北大鼓、东路大鼓、山东木板大鼓、沧州木板大鼓、评书、竹板书、山东渔鼓、山东落子、山东琴书、河南坠子和单弦等，大体以传统鼓书曲词类为主，兼以评书评话类。第二个时段为 1981～2007 年。在此时段内，胡集地方政府开始逐步介入胡集书会运

作，政策之一即广邀曲艺名家参加胡集书会，从而增加了胡集书会上表演的曲艺形式，如山东快书与相声。由于篇幅短而不适合长时段演出，在此之前它们从未在胡集书会上出现过。同时，一些此前经常在胡集书会上出现的曲种，如山东大鼓、山东渔鼓、山东琴书、单弦等，逐渐退出了胡集书会舞台。第三个时段为 2008 年以后。随着胡集镇政府广邀全国各地艺人政策的执行，胡集书会参会曲种大大增加，主要表现为：一是出现了许多以前从未在胡集书会演出过的曲艺形式，如二人转、江西萍乡春锣、湖南渔鼓等，甚至突破了传统曲艺的范畴，如京剧、双簧、魔术等；二是山东快书、相声出现的频率大大增加。

书　鼓

胡集书会历史悠久，上演过的曲目众多。下面是笔者结合实地调查与相关文献资料①，所整理的曾在胡集书会上表演过的部分中长篇及短篇曲目名称。具体如下：

传统中长篇：

《响马传》《丝绒记》《水浒传》《大八义》《小八义》《薛刚反唐》《《少西

① 杨子玉、刘洪俊：《惠民县曲艺概述》，载政协惠民县文史资料研究委员会编：《惠民文史资料》第 5 辑，1988 年；张玉：《民间艺人、书会传承与乡民社会——胡集书会调查与研究》，山东大学硕士学位论文 2008 年；郝沛然：《音乐与养家糊口——山东省胡集书会研究》，华中师范大学硕士学位论文 2009 年；韩克顺：《胡集书会》。

唐》)、《少英烈》《包公案》《三侠剑》《五女兴唐传》《刘公案》《大五义》《小五义》《续小五义》《西汉》《东汉》《隋唐演义》《月唐演义》《明英烈》《薛家将》《杨家将》《呼家将》(《金鞭记》)、《秦英征西》《粉妆楼》《呼杨合兵》《黄风配》《龙凤配》《千里驹》《七奇案》《白马案》《三侠五义》(《七侠五义》)、《三国演义》《白马告状》《施公案》《姜公案》《西游记》《列国演义》《岳飞传》《聊斋》《二度梅》《五毒传》《葛红霞扫北》《燕王扫北》《回龙传》《回杯记》《金环记》《金钱记》《左传春秋》《吴越春秋》《英烈春秋》《金盒春秋》《走马春秋》《锋剑春秋》《海公案》《白望楼》《五龙传》《光武兴汉》《康熙私访》《武林志》《南北宋》《莺歌记》《黑虎传》《南唐传》《薛礼征东》。

现代中长篇：

《烈火金刚》《姚兰捉特》《林海雪原》《新儿女英雄传》《破晓记》《平原枪声》《儿女风尘记》《战鼓催春》《敌后武工队》《大别山》《徐州会》《白毛女》《捉特务》《珊瑚潭》《双枪李八姐》《大刀记》《野火春风斗古城》。

传统小段：

《韩湘子》《李三娘打水》(又名《井台会》)、《蓝桥会》《朱买臣休妻》(又名《马前泼水》)、《吕蒙正赶斋》《夜探潇湘馆》《伐树望友》《画皮》《三婿对诗》《刘二姐逛庙》《白猿偷桃》《朱洪武走秦》《甘露寺》《借箭》《天仙配》《许仙游湖》《双锁山》《鲁达除霸》《樊梨花寻夫》《小姑贤》《华容道》《回荆州》《挑袍》《湘子讨封》《杨贵香》《打关西》《大贤人劝夫》《凤仪亭》《回娘家》《夸婆家》《古城会》《拴娃娃》《双配全》《小姑不贤》《寒江关》《昭君出塞》《大闹天宫》《天雷报》《打黄狼》《取长沙》《当年忙》《劝人方》《韩湘子上寿》《度林英》《刘云打母》《丁香割肉》《单刀会》《三婿上寿》《西厢》《洞宾打药》《太公卖面》《宝玉探病》《绕口令》《麒麟送子》《龙凤呈祥》《罗成算卦》《临潼山救驾》《穆桂英下令》《金精戏窦》《珍珠盗卷帘》《猫教老虎》《罗成托梦》《双拜年》《杨八姐游春》《玲珑塔》《郭巨埋儿》《十八愁》《对吹牛》《三气周瑜》《草船借箭》《苏梅山卖妻》《杜康造酒刘伶醉》《王二姐思夫》《偷年糕》《鸿雁捎书》《钓王八》《贤孝词》《大个杨五娘》《武松赶会》《回娘家》《猪八戒招亲》《打花名》《天缘配》《鞭打芦花》《瞎子算卦》《灶王》《抬滑竿》《花场绕口令》《卖我》《大老李》《对吹牛》《李逵夺鱼》《七仙遇狐》《小天台》《朱延龙放牛》《懒老婆》《大换房》《曹月娥对诗》《摔子

劝夫》《王云休妻》《孙膑拜寿》《小秃闹房》《缝被子》《倒反词》《大姑娘》。

现代小段：

《独胆英雄》《渔夫恨》《一车高粱米》《步步登高》《小大姐翻身》《早婚害》《雷锋》《焦裕禄》《两样心肠》《找科长》《俩女婿吃席》《犟以犟》《计划生育好》《新嫁妆》《买化肥》《买肥记》《韩英见娘》《新生儿子闹洞房》《晕头转向》《巧相逢》《扒墙记》《生命一线紧急救援》《近亲害》《同心林》《摔子劝父》《如此孝顺》《智杀鬼子小队长》《六个图钉》《接过前辈的枪》《一盆葚子》《送鸡蛋》《红卫兵怒斥走资派》《赞滨州》《赞胡集》《互不相让》《滨州赞》《儿女新风》《给周扒皮剃头》《抗震救灾真英雄》《养啥赚钱多》《榆木疙瘩上网记》《弟兄仨分家》《小拜年》《猪八戒背媳妇》《双回门》《二月牙五更》《大将明王更》《送青郎》《老家拉拉屯》《啰嗦五更》《二神调》《酒色财气》《劝赌》《好会计》《雷锋在火车站》《好媳妇》《学习英雄孔繁森》《计划生育》《尊老爱幼》《八荣八耻》。

当然，以上远非胡集书会上曾演出书目的全部。至于具体数目及具体名称，已语焉不详。

长期以来，在胡集书会上曾上演过的短、中、长篇曲书目可谓不计其数，但总体而言是以传统中长篇书目为主，即胡集书会艺人与胡集当地民众所称的“大书”或“正书”。至于现代中长篇，只在某个特定时段——“文化大革命”时期在胡集书会上表演过。

二、大集与书会

胡集书会因何而起，也就是说，为什么能在胡集村形成一个历史悠久的胡集书会呢？对此，有多种说法。

（一）迁址说

持此说法的人认为，胡集书会是由别的地方迁至胡集，而非最初就形成于胡集。北宋年间，棣州（即今惠民）为边防重镇。崇宁元年（1102 年），为加强防务，工部尚书牛保奉朝廷之命来主持修建城池，并于大观四年（1110 年）完工。在修建城池的过程中，除修建政府衙门外，还建有 20 多个寺庙。寺庙

的出现，促成了庙会的发展。在庙会期间，除有戏班演唱外，还有曲艺艺人支棚说唱。当时在我国北方民间，已出现了比较成熟的说唱相结合的艺术形式，如说诨话、鼓子词、评话等，而棣州作为鲁北与冀南（今天意义上的）的政治、经济、交通、文化中心，多种曲艺形式在该地区都十分流行。于是棣州城里的艺人为切磋技艺、交流书目，便经常聚在一起，遂形成一定规模的书会。金代末年，蒙古骑兵南下侵占棣州。由于兵荒马乱，为了更好地生存，说书艺人们便将书会迁到了相对稳定的州城东南 30 公里的胡集村。[1]

原胡集书会表演场地圆圆湾

（二）竞争说

传说很久以前，在胡集大集上，从南边来了一伙唱渔鼓的艺人设摊卖唱，吸引了里三层外三层的围观群众。不久，又从北方来了一伙唱落子的说书艺人，也支开场地演唱起来，结果把原先围在渔鼓艺人摊前的听众纷纷吸引了过去。渔鼓艺人生气了，便更加卖力地唱了起来，声音也更加高亢，于是又把听众重新吸引了过来。唱落子的艺人也不甘示弱，把竹板打得更响，嗓音也提得更高，这样很快又把听众吸引了过来。双方互不服气，闹起了矛

① 参见韩克顺：《胡集书会》，第 39 页。

盾，且僵持不下，结果不仅没分出个高下，钱也都没挣着。双方均心有不甘，于是约定明年同一时间、同一地点再来一比高下。果然，第二年正月十二，双方又各自约来了更多的同行艺人，连续几年皆如此。结果是艺人越来越多，听众越聚越众，影响也是越来越大，胡集便成为一个远近闻名的争斗献艺场所。再后来，艺人们慢慢意识到，来此献艺是好事，相互竞争也能提高各自的艺术水平，但不能同行相斗并视对方为冤家。再说，大家都有相似的经历处境，应该相互帮扶而不该敌视对抗，于是双方最终化干戈为玉帛。经过协商，双方约定，每年正月十二前来胡集聚会说书，并畅叙友情、交流书目、拜师收徒、传授技艺。久而久之，这里就形成了胡集书会，并历代相传，以至今日。

(三)纪念老艺人说

传说很久以前，有位德高望重的老艺人在胡集村卖艺时病了，既无法回家，亦无钱支付店钱与饭钱，便通过在此地说书的艺人向外传布消息。得知这个消息后，很多说书艺人都赶到胡集村来看望这位老艺人，并于正月十一这天陆续到齐，大家凑钱替他支付店钱与饭钱，还准备送他回家。不幸的是，老艺人最终病逝于胡集村，于是大家又凑钱买好棺材把他葬在了胡集。因他无儿无女，于是大家约定于每年正月十一这天来胡集祭拜他。久而久之，遂形成了胡集书会。至于这位老艺人叫什么、是哪里人，现在村民已说不清楚，只传说是几百年前的事情。另一种说法，即不是为纪念某位不知名姓的老艺人，而是说书艺人的祖先之一——胡广利而形成了胡集书会。传说胡广利本是周庄王的四大丞相之一，后因年迈辞官流落于江湖，靠说书卖艺为生，去世后葬于胡集村。据村民说，胡广利的坟墓就位于现在胡集村西南角 220 国道上，今早已不存。他去世之后，他的徒子徒孙为了祭奠他，便每年都从山南海北前来胡集祭祖，卖唱说书。①

(四)自然形成说

胡集镇为周围方圆百里数一数二的大集镇，店铺林立，商贸发达。胡集

① 万风亭，男，山东省阳信县商店镇人。访谈时间：2011 年 2 月 13 日晚上。

每逢二、七是大集,周围十里八乡的村民都会前来赶集。尤其是正月十二集,是新年后的第一个大集。由于时近元宵节,为采办节日用品,民众更是纷至沓来。再加上时值农闲,很多人赶集纯粹就是为了休闲娱乐。于是大量说书艺人趁机聚集于此,希望获得更多演出的机会。与此同时,在胡集村乃至鲁北一带,民众长期以来又一直有爱好听书的传统。村民平日由于忙于农业生产,并没有时间听书。而春节前后,特别是元宵节期间,是一年之中最为放松清闲的时候,于是成为听书赏曲的最佳时机,大家也就不满足于仅在集市上听个一时半会儿了。有的村便将说书艺人请回村里去说书,以便让村民听个够,周边村庄也纷纷效仿。有买有卖,艺人越聚越多,请书村落也不断增加,市场日趋火爆,且产生了艺人卖唱争雇主、村庄考察雇请艺人的规矩,遂慢慢地成为一个盛大的曲艺交易会。

以上几种有关胡集书会兴起原因的说法,其实都与胡集村自身的"优势"直接相关,不然书会不会从棣州城搬到胡集村,也不会出现老艺人于胡集村卖艺或因在胡集村卖艺而出现争执的说法。而对胡集村来说,最大的优势就是"集市"。前已述及,早在清乾隆年间,胡集村已成为领有政府司贴的市集,这说明当时其已成为一个非常繁盛与重要的集市。事实上,正是繁盛的集市促进了胡集书会的产生,因此相比于其他三种说法,"自然形成说"应该更符合历史事实。

在华北乡村各地,存在着一个分布广泛、数量众多的乡村集市系统。与江南等发达地区相比,定期性是这一集市系统的最大特色,并在整个区域市场体系中占有重要地位。[①] 通常相邻集市在开集日期上是相互错开的,以便使交易者能有充分的回旋余地,而数个相互临近、日期错开的集市又构成一个区域市集系统,形成一个相对较为完整的商业流通网络。就广大乡村民众而言,集市不仅仅是一个纯粹的物资交流之地,同时还是资金、劳务、信息、婚姻等的交流之地,从而使其所辐射范围内的村庄形成一个基层市场共同体。[②] 另外,娱乐性也是农村基层市场的一个重要功能。"基层市场和较

① 参见龚关:《明清至民国时期华北集市的比较分析——与江南、华南等地的比较》,载《中国社会经济史研究》2000年第3期。

② 参见[美]施坚雅:《中国农村的市场和社会结构》,史建云、徐秀丽译,中国社会科学出版社1998年版。

高层次市场是专业说书人、戏班子、卖唱盲人、摆赌摊的、卖艺的、练杂技的、卖膏药丸药的以及魔术师等等人物的舞台。不但村庄里明显缺少这类人，而且一般情况下小市上也见不到他们。”①换言之，除节日及做寿、结婚等特殊场合外，集市可以说是艺人主要的日常展演空间。

胡集书会正是依靠着胡集村这样一个乡村大集而逐步繁荣兴盛起来的。我们现在所说的胡集书会，单纯是就正月十二大集（还有就是作为偏节的正月十七集）而言的，这是年后第一个大集，人们纷纷前来采办元宵节用品，故胡集书会又被称为“胡集灯节书会”。但实际情况是，并非只有正月十二或十七集这两天，胡集村才有说唱艺人前来表演献艺。事实上，20 世纪七八十年代以前，每当逢集这天，胡集村都会有艺人前来卖唱表演，是“每集都有说书的，就没有不说书的时候”②。

也就是说，正月十二书会只是说唱艺人一年之中在逢集那天的其中一次演出。另外，在整个惠民地区，也并非只有胡集村才是艺人的表演之地，在其他地方也同样存在。如距离胡集镇 20 多公里的原陈集乡政府驻地陈集村，逢集这天也都有说唱艺人前来撂地表演。总之，单纯就乡村市集上的艺人表演来看，正月十二胡集书会并非是独一无二的，只是如今在其他集期已没有艺人前来表演了。此外，正月十二这天书会特别盛大，前来说书的艺人特别多，所涉地域范围也更为广阔。平日市集的说书艺人主要来自附近地区，如阳信等地，听众也主要来自胡集村周边地区，几乎没有以村集体为单位请艺人下村表演的情况存在。正月十二这天说书艺人则来自冀南、鲁北等广大地区，他们前来的主要目的也并非简单的撂地表演以求敛几个小钱，而是争取被周边村落集体看中而被请回村表演；听众的分布范围也更为广阔，周边乡镇所属村庄也有前来请说书艺人回村表演的情况存在。

此外，胡集村集市的存在，不仅直接促进了胡集书会的形成，还直接影响着胡集书会的展演与进程。

首先，胡集书会请书村落的分布范围，大体也就是胡集村的集市圈范围。每个乡村集市都会有一定的地域涵盖空间，吸引着其所辐射范围内的村民前来交易。这种集市与其所辐射村庄之间构成的空间就是集市圈。依

① ［美］施坚雅：《中国农村的市场和社会结构》，史建云、徐秀丽译，第 49～50 页。
② 胡梅亭，男，胡集村村民。访谈时间：2010 年 3 月 1 日。

位置、层级及影响力之大小,每个集市圈所包含的村庄数量并不相同,多至近百村,少则两三村,甚至只有一村,以至于根本无法构成一个所谓的“圈”。[①] 美国学者施坚雅将传统乡村集市分为三个层级,即基层市场、中间市场和中心市场。基层市场即能满足农民家庭所有正常需要的低级市场,是生产品向上流动的起点和消费品向下流动的终点;中间市场即在产品和劳务向上下两方的垂直流动中都处于中间地位的市场;中心市场即在流通网络中处于战略性地位、有重要批发职能的市场。[②] 按施氏之等级划分,从光绪《惠民县志》的记载来看,胡集村可能还只是一个中间市场,顶多也就是个中心市场。但到民国年间,从其“握东南数县金融中心”及作为惠民县商业中心的情形来看,胡集村已超越了中心市场地位而至少成为一个地方级城市市场[③],“集市圈”(如果仍能这样称呼的话)遍及惠民全县乃至周边数县。而中华人民共和国成立后,胡集村的市场地位又逐步降低,若按施坚雅的标准来衡量,目前顶多算个中心市场。

由于资料缺乏,民国以前到胡集书会来请书的村落分布范围,我们不得而知。而民国时期的情形,1934 年修纂的《续修惠民县志》则为我们提供了一条相关信息。据该志卷十《产业志》中的“娱乐消费一览表”记载,正月十五请书的总花费为 1200 元,统计范围“按 1/3 村计”。当时全县共有 1000 多个村庄,则仅元宵节请书的村子就有 300 多个。[④] 我们并不清楚这 300 多个村在惠民县的分布区域,但推想起来应该相当广泛。除此之外,其他县临近之村庄应该也有来请的。若以一村请一档艺人计,则如此广的请书范围至少需要三四百档艺人才能满足需求。而据老艺人讲,当时来胡集村说书的艺人多达四五百档[⑤],也就是说完全能满足当地的需要。中华人民共和国成立以后,胡集书会的盛况较之以前有所下降,到 20 世纪 50 年代初,前来赶会

① 参见王庆成:《晚清华北的集市和集市圈》,载《近代史研究》2004 年第 4 期。

② 参见[美]施坚雅:《中国农村的市场和社会结构》,史建云、徐秀丽译,第 5～11 页。

③ 施氏将中国的城市和市场划分为八个等级,即一般性集镇、中间集镇、中心集镇、地方级城市、中等城市、区域性城市、区域性大城市、全国性大城市,具体参见[美]施坚雅:《19 世纪中国的区域城市化》,载施坚雅主编:《中华帝国晚期的城市》,叶光亭等译,中华书局 2000 年版,第 242～300 页。

④ 参见张玉:《民间艺人、书会传承与向民生和会——胡集书会调查与研究》,山东大学硕士学位论文 2008 年,第 10 页。

⑤ 参见杨子玉:《一个历史悠久的灯节书会》,载《惠民县文史资料》第 2 辑,1982 年 11 月。

的艺人有300档左右。[①] 至20世纪60年代初至“文化大革命”前，每年前来胡集参加书会的艺人进一步减少。据胡梅亭老人回忆，当时只能维持在一两百档。前来请书的村庄可明显分为三个层次：第一个层次是原胡集区（大约相当于今胡集镇、魏集镇）范围内所属村落，数量最多，占60%～70%；第二个层次为胡集镇相邻乡镇所属村庄，如李庄镇等，距离胡集村10公里左右；第三个层次为更远距离的乡镇及邻近县区所属村庄，但数量已很少。[②]“文化大革命”期间，胡集书会陷入更加不景气的境地，虽然没有中断，但说书艺人明显减少，表演的也多是《沙家浜》《烈火金刚》等革命样板戏。[③] 受此影响，前来请书的村落亦明显减少，且主要分布在胡集镇。

“文化大革命”以后，胡集书会开始逐步出现复兴势头，尤其是在20世纪80年代初政府力量介入以后。1985年，镇政府出资兴建了胡集曲艺厅，并邀请国内演艺名家前来助兴。至1987年，书会达到了复兴后的高潮，前来卖书的民间艺人有70多档。与此同时，周边村落也重新兴起了请书高潮，据说那两年前来赶会的艺人就没有卖不下去的。但从访谈得知的零星资料来看，请书村落基本分布在胡集镇及邻近几个乡镇（如魏集、李庄）。20世纪80年代末以后，受经济和社会文化事业发展的冲击，胡集书会日渐式微，艺人日益减少，有的年头只有10档左右且还不一定能卖下去，很多村落中断了请书传统。2006年胡集书会被列入“首批国家级非物质文化遗产名录”，为加强对书会的保护与传承，2007年胡集镇政府采取了“群众听书，政府买单”[④]的举措，先由村落请书，然后再到镇政府登记请书价格。受此政策推动，很多村庄又重新恢复了请书传统。不过，从2007年卖下去的35档艺人来看，由于是胡集镇政府买单，因此绝大部分都在此镇范围之内（33档），只有2档被缁角镇及临邑县请去。[⑤] 2008年，胡集镇政府又对此政策进行了微调，改村落请书为政府派书。先由镇政府对前来的艺人评定一个等级，并按等级定下相应书价，然后再下派到某个村落表演，演出结束后艺人再到镇政府领

① 参见杨子玉：《一个历史悠久的灯节书会》，载《惠民县文史资料》第2辑。

② 胡梅亭，男，胡集村人。访谈时间：2010年3月1日上午。

③ 参见张玉：《民间艺人、书会传承与向民生和会——胡集书会调查与研究》，山东大学硕士学位论文2008年，第14页。

④ 不过，从这条政策只适用于胡集镇下辖的村庄，其他的村庄就不在政府买单之列。

⑤ 参见张玉：《民间艺人、书会传承与向民生和会——胡集书会调查与研究》，山东大学硕士学位论文2008年，第40～41页。

钱。因此，请书村落也都集中在胡集镇（含 2001 年后并入胡集镇的陈集乡）范围内，未见有其他地方来请艺人的情形。

胡集镇曲艺厅

其次，胡集村的集市周期直接决定着胡集书会的表演周期。定期性是华北乡村市集的最大特色。就山东、河北两省来说，通常以 5 日一集为主。[①] 胡集村即为一个 5 天一集的集市，每逢二、七开集。作为一个以胡集村为母体发展起来的大型书会活动，胡集书会也不可避免地受到了这一集期频率的影响。其中最大的影响在于，整个表演活动正好处于一个集市周期之内，不论正节、偏节都是如此。正节是从正月十二到十六，偏节是从正月十七到二十一，刚好都是 5 天。至于具体的下村表演，通常是"4 天 5 晚上"，即 4 个白天 5 个晚上。虽然雇请艺人时，双方口头约定是 4 天，即从正月十三到十六。但通常十二下午艺人即开始入村，晚上先进行一场，然后一直到十六晚上。总之，从正月十二艺人卖书到进村演出，再到演出结束，这一时间段恰好是一个集市周期。而这种表演周期性的形成，应该是村民与艺人之间长期调试的结果。这既满足了村民们的欣赏需要，又不会耽误艺人下一集的卖书交易，可谓一举两得。

① 参见龚关：《明清至民国时期华北集市的集期分析》，载《中国社会经济史研究》2002 年第 3 期。

三、雇书与听书

村落是胡集书会展演过程中，尤其是正节请书活动的行动主体。每年正月十二这天，胡集镇周边村庄都会派出自己的“考察组”到胡集大集上考察、雇请艺人，满足本村民众文化娱乐需求自是其中最为主要的目的。此外请书与否还会直接影响村落声誉，因此每年书会，胡集镇周边村落不管规模大小、经济穷富，都会尽力雇请一档艺人回村说书。一些比较大或是比较富裕的村落，更是连年雇书，即使“文化大革命”时期也未曾间断。还有的村子，在“三年自然灾害”时期，在村民普遍都吃不饱的情况下仍坚持雇书。总之，雇请艺人回村表演已成为胡集镇周边诸村庄的传统。

老村委会门前说书的广告

而在所有请书的村落中，胡集村具有极为特殊的地位。第一，作为胡集书会的“东道主”，胡集村具有“近水楼台先得月”的优势。第二，胡集村是历年请书最多的村落。除 1959～1961 年“三年自然灾害”时期因生活困难停过两年外，其他时间从未间断。尤其是 20 世纪 90 年代以后，随着胡集书会的日益衰落，很多村子已停止了请书传统，但胡集村却一直坚持请书。第三，作为周边乃至整个惠民县数一数二的大村、富村，胡集村有充分的经济实力去雇请最知名的书会艺人。第四，胡集村长期举办书会的传统也培养了胡集村村民众极高的艺术素养，使他们具有了更高的艺术欣赏水平。这一切都使得胡集村具有了极为特殊的地位。而从艺人角度来说，对胡集村这块说书场地也总是格外重视，将其视为整个胡集书会的最“高地”，每年书会谁占领了这块高地就等于谁占领了胡

集书会，赢得了观众。按艺人的说法，胡集人“眼抠耳聪，爱挑眼拔刺，听书能听出好歹来”，所以在此说书他们从来不敢马虎大意。艺人普遍把能在胡集村说书看作是一种荣耀与骄傲、一块金字招牌。事实也确实是这样。如果今年在胡集村说书叫了好，明年在胡集书会上卖书就绝对不成问题。一上场根本不用演唱，就会有人来抢，有的甚至在正月十一晚上就被提前订下。请书的人理由也非常充分，他们会说：“去年在胡家集都叫了好，请他（她）肯定没问题。”[①]对艺人而言，如果说参加胡集书会是对他们艺人身份的认可及其说唱技艺的肯定，那么能留在胡集村说书则具有更为重要的意义。这就等于向所有艺人和民众宣布了其就是今年的书会状元，是技艺最高的艺人，而这种荣耀是无法用金钱来衡量的。因此，在书会上，艺人们不仅竞争最高书价，还会积极地与胡集村联系，尽可能留在胡集村说书，并成为今后夸耀自身技艺的资本。如阳信艺人万风亭说起当年父亲万荣海在胡集村说书的事时，毫不掩饰自己的骄傲：“农业社的时间，父亲连续三年没动胡家集街，都是让胡集镇留下了。”[②]

总之，胡集村在整个胡集书会中具有其他村落无法比拟的优势和特权。最明显的表现就是每年胡集书会期间，胡集村通常都能挑选出优秀的艺人，并且能将“最好的艺人”留在村内演出。所以，多年来胡集村所请的说书艺人都是被大家公认的书会名角，如尚五、左金魁、张义兴、李荣德、万荣海、万风亭以及后来的后起之秀张红霞、李淑珍等。对此，虽然很多村落表示不满，但也无可奈何。正如2007年胡集书会道口张村的一位请书人说的那样：“今年张义兴的徒弟李鸿彬在书会上卖书，我们想雇他，没想到，他早被请去胡集街了。他没来过我们村，正月十二集听他说过书，很好。（他可是）张义兴的徒弟。再说今年是镇上派[③]，人家胡集街大队是地头蛇，毕竟是近水楼台先得月。”[④]2008年以后，胡集书会改由镇政府安排艺人下村，村落失去了自我挑选艺人的权利，导致分配到村的艺人不一定符合村民的要求与口味，

① 韩克顺：《胡集书会》，第68、73～74页。

② 转引自张玉：《民间艺人、书会传承与乡民社会——胡集书会调查与研究》，山东大学硕士学位论文2008年，第60页。

③ 此村民说法有误，实际上2007年还未采取分配艺人下村的政策。

④ 转引自张玉：《民间艺人、书会传承与乡民社会——胡集书会调查与研究》，山东大学硕士学位论文2008年，第60页。

对胡集村而言更是失去了主导书会的优势与特权。许多村民对此表达了自己的不满。如2010年书会，很多村民就说好的艺人都被分配到“北边村庄去了”，而留在胡集村的却并不是最好的。

村落请书的第一步为确定请书人，即由谁去考察并雇请艺人。通常每年初二一过，甚至是在新年之前，一些爱好听书的村民就会主动找到村落负责人，要求请艺人进村表演。收到村民请求之后，村落负责人便会根据村内具体状况决定是否请书。若确定请书，接下来便要确定请书人选。对胡集周边村落而言，正月十二请书是一件事关全体村民的大事，也是一件被大家广泛关注的事，因此必须要谨慎对待，被选定去请书的人员必须要真正懂行且在村民中具有一定的权威。请书人选好之后，在正月十二前往卖书场地之前，通常是村落负责人会先根据本村经济状况与村民代表商量好请书的预算及所清艺人的档次。若请来的艺人的技艺满足不了民众的要求，轻则招致民众的埋怨，重则招致大家的谩骂，如此一来，请书人在民众心目中的地位也会大受影响。当然，不可能每个村落都能够请到大家公认的优秀艺人。一来，优秀艺人有限；二来，每个村庄的财力也不同。因此，每个村庄只能在自身条件允许的范围内尽量选择最优秀的艺人。只是对胡集村而言，这一切都不是问题。东道主的优势和强大的财力能确保他们每年都能聘请到书会上最优秀的艺人。不过这也在无形之中加大了请书人的压力，由于见多识广、欣赏水平高，若请的艺人达不到民众欣赏要求，请书人就会受埋怨：“这么多说书的依着你挑，连个好的也挑不来，真是……”[①]领导能力自然也就广受质疑。因此，相比于其他村落，在雇请艺人的方面，胡集村虽具有诸多优势，但同时也是最难满足群众要求、压力最大的。

正月十二一大早，各村请书人便在本村负责人的带领下纷纷往胡集村赶。在20世纪60年代以前交通条件不好的时候，为了能抢在其他村落前头雇请到优秀艺人，许多离胡集较远的村落通常要摸黑动身。不过胡集村不会出现这种情况。实际上很多年，早在正月十一晚上，胡集村就已经选定了说书艺人。作为胡集书会的举办地，所有赶会的艺人首先齐聚胡集村，住在胡集村的各个旅店或者相熟识的村民家里。正月十一晚上，胡集村负责人

① 韩克顺：《胡集书会》，第74页。

与请书人就会捷足先登，到有艺人居住的旅店里走访，看看谁唱得最好、谁弹得最棒，选好了就直接定下，包括雇请价格、具体接待条件等，而不用等到正月十二上午再定。而对那些备受赞誉但还未在胡集村演出过的知名艺人①，或上一年曾在胡集演出过并备受村民好评的说书艺人②，胡集村负责人则会直接到该艺人居住的旅店与他敲定演出事宜，有时甚至就在艺人前来胡集村的必经之路上等着。1964 年，胡集村雇请的是阳信县著名的渤海大鼓艺人万荣海，他的演出深受民众好评，结果村民纷纷要求来年书会再次雇请他说书。结果万荣海"连续三年没动胡家集街"，1965 年、1966 年这两年又被雇请到胡集村。那两年正是胡集书会从"大跃进"与"三年自然灾害"时期的低谷中重新走向繁盛的时候，各村雇书的热情都极高。为防止万荣海被其他村落抢去，胡集村专门派出民兵在村北边大路上等着，一见到万荣海就直接把他拉到老张家店里住下，村领导会去那里和他商定雇书事宜。

当然并非每年胡集村雇请说书艺人都会在正月十一晚上就事先敲定，也有于正月十二这天再决定的情况，尤其是在 20 世纪 80 年代以后。由于卖书场地就在本村，胡集村请书人不用如同其他较远村落请书人那样一大早就动身出发。看到胡集村请书人出现在卖书场地，众说书艺人就表演得格外卖力，尤其是那些水平较高、有可能会被雇请到胡集村说书的艺人更是如此。实际上，个别水平较高、不愁卖场，但还从未在胡集村演出过的书会艺人，在得知胡集村还没有敲定说书艺人的情况下，在遇到其他村落欲要雇请的情况时，有时反而会有意拖延，为的就是想争取被胡集村看中请去。在考虑是否聘请一个艺人下村时，请书人将技艺高低看作最主要标准，此外穿着、年龄、性别、方言等也是重要参考。因此，在实际雇书过程中，胡集村雇请的并不一定就是当时书会上就表演技艺而言最高的艺人。一方面，许多技艺高的艺人早已被胡集村雇请过，有的甚至不止一次；另一方面，村民听书（不止胡集如此）也需要新鲜感，在技艺水平高超的前提下，其他方面突出

---

① 胡集书会是众多说书艺人成名的重要契机。每个村落都会对雇请到本村的说书人有一个总体评价，并在胡集村周边诸村落中相互传播，尤其是那些表现很好或很差的艺人，每年书会结束后就会在周边村庄中传播开来。而这种在不同村落间传播的评价信息，也是村落雇请艺人的重要参考标准。

② 即使再出名的书会艺人，也不会被某个村落连续雇请许多年。据艺人访谈，通常最长年限为三年。这种情况下，为保证此艺人明年还能够到本村说书，正节结束（有时会接着说偏节）后，有些村落便会与艺人事先说定明年雇书事宜。

的说书人也有可能会被胡集村人看中。如1985年书会，来自河北沧州的西河大鼓艺人李淑珍、李淑玥姐妹俩，由于年轻漂亮[①]、打扮入时且演出功底好，结果一上场就被胡集村看中并请回村内表演，成为当年书会上书价最高的一档艺人。按胡集书会传统惯例，请书人与中意的艺人谈好价格、确定雇佣关系后，为确保双方都不违约，请书人会预付定金，同时拿走艺人的一件乐器作为抵押。但对胡集村来说，买场子既不用交定金，也不会拿艺人的乐器作抵押。因老艺人跟本村村民都很熟悉，绝大多数新来的艺人也都由老艺人带着。最重要的是，鉴于胡集村的至高地位，能留在胡集村说书将是一件无限荣光的事，因此没有艺人在卖到胡集村后还会违约的情况。

2007年是胡集书会历史上最后一次由村落作为行动主体到卖书场地雇请艺人的年份。正月十二一大早，胡集村党支部书记胡玉岭就找到了胡集镇文化站站长胡同利，让他帮忙介绍一位水平最高的艺人。胡同利很爽快地与阳信县曲艺队的联络人张珠峰联系，张很快赶到镇政府门口，并与胡玉岭商谈了胡集村说书事宜。然后，胡同利、胡玉岭、张珠峰一同来到书会现场，张珠峰把自己的师兄李鸿彬引荐给了胡玉岭。此时还不到上午9点，绝大部分艺人还都在放置演出道具，卖场演出还没开始。一阵寒暄之后，胡同利先介绍胡集村党支部书记给李鸿彬认识，并让李鸿彬去胡集村说书。李鸿彬说要去三个人。对此，胡同利问道："三个到一个地方说啊？"意思是人是不是太多了。旁边的万风亭则帮忙解释道："三个，一个唱段的，一个开书的，一个弹弦的！"然后李鸿彬就同张珠峰、胡玉岭从说书场地去镇政府登记。路上，他们稍作停留，便开始商讨价格。李鸿彬说："我是专门从北京赶过来的。"张珠峰则向胡玉岭介绍说："这是我二师哥。"书记说认识。李鸿彬就伸出两个手指头，意思是书价2000元，"过年时就是这个价"。书记觉得有点高，问能否再降点。李鸿彬说："咱这老弟兄们啊，你放心，我准给你说好书听。"最终双方以2000元价格成交。[②]

---

① 对于李淑珍的漂亮，韩克顺有一段文学性的动人描述："她二十二三岁的年纪，高挑个，细身腰，穿一件古铜色的呢子外套，内衬着浅绿色的纯棉小袄，显得那样俊雅妩媚，波浪式的发型，像盛开卷曲的菊瓣。一缕发束，斜掩着额头，像淡淡的云纱轻拂着月儿。眉淡而修长，微微上挑，眼大而轻启，似绿林中的清泉，闪光晶莹，加上那圆润微红的脸蛋和洁白如雪的牙齿，更显得年轻漂亮。她音色好，唱腔妙，如鸟鸣翠谷，鱼翔浅底。"详见韩克顺：《胡集书会》，第68页。

② 参见张玉：《民间艺人、书会传承与乡民社会——胡集书会调查与研究》，山东大学硕士学位论文2008年，第35～36页。

谈价格

正月十二下午，卖下去的艺人陆续前往自己被雇用的村落。首先是安排食宿问题。具体的食宿接待问题，一般在双方商谈雇书时已定好。2000年以前，卖到胡集村的艺人通常是被安排到村内条件较好的人家居住，并由他们负责具体接待，最后再由村集体给予一定的经济补助。如1985年书会，李淑珍、李淑玥姐妹俩就被安排到了大队干部张良义家里吃住。张良义老两口爱干净，在村内属生活水平较高的人家。两人像对待自己的孩子一样照顾李淑珍姐妹俩，早晨给她们煮鸡蛋，晚上给她们烧热炕，暖水瓶里装满热水，并专门拿出新褥子、新被子给她们用。[①] 而最近几年艺人则都是被安排在村委会居住，伙食或由村里安排专人负责，或由艺人自做。2007年，为表达村委会的热情，正月十二这天中午，村委会先请三位艺人（李鸿彬、张珠峰、王智和）在镇上某大酒店吃了一顿丰盛的饭食，下午又专门安排了队长胡云喜接待他们，并为他们买了新的水壶、锅碗瓢盆等日常用品，具体伙食

① 参见韩克顺:《胡集书会》，第76页。

则由胡云喜负责安排。[①] 2010年、2011年两年，艺人亦是被安排在村委会居住。村委专门派人买了新的被褥、锅碗瓢盆、蔬菜、肉及面条、馒头等，并支上火炉，具体伙食则由艺人自做。由于天气寒冷，村委会还在屋内安放了电褥子、电暖气等取暖设备。

正月十二晚上吃过晚饭后表演正式开始。20世纪60年代之前，胡集村的说书场地通常被安排在村内南北商业街有厦檐的店铺旁。在厦檐下摆张桌子，艺人就在厦檐下演唱，村民则围聚在街上听书。20世纪60年代之后，说书地点则通常设在大队部内。"文化大革命"时期，说书场地通常设在生产队饲养棚内，因地方相对偏僻，说传统旧书相对不容易被发觉。说书开始前，艺人会先"咚咚"地敲一阵书鼓，意在告诉村民有说书的来了。现在则事先通过村广播通知大家：请了哪里的艺人，说什么书目，一天说几场，几点开始、几点结束等；艺人在正式说书开始前，还会对着村委会的广播喇叭敲一敲书鼓，进一步告知村民说书的来了。实际上，20世纪90年代之前，由于娱乐活动贫乏，各年龄段民众对于说书都极为热爱，因此根本不用事先通知，村里请来说书艺人的事很快就会在村民中传播开来，因为一些心急的人早就先跑到村干部家里打听过消息了。再者，胡集村年年请书，村民也早就形成了正月十二这天聚集到某处听书的习惯。家庭主妇早早把饭做好，让当家的吃了饭去听书，自己也胡乱收拾一下碗筷，急急忙忙聚拢到说书场地中来，往往演出开始前一段时间就已聚集了黑压压的人群。一些小孩子更是连饭也不吃，就带着马扎、扛着凳子到说书场地来占地儿。

受书会文化的长期影响，胡集村人懂说书，也更爱听说书。直至20世纪80年代末期，每年书会期间请艺人进村表演都会吸引好几百人听书，以至于村大队部都容纳不下。另外，由于胡集村每年请来的都是最好的艺人，因此也会吸引很多周边村落民众前来听书；也有很多人乘机来胡集村走亲戚，就是为了欣赏胡集这些"名角大腕"的表演。只是有时也会有相反的情况发生。如有一年胡集书会，胡集村雇了位来自河北的艺人到村里说书，南边邻村西花赵则雇了位德州的艺人前去说书。德州的这位艺人上一年胡集村曾雇请过。这年书会，正月十二卖场时，胡集村请书人一听他唱的还是去年那

① 参见张玉：《民间艺人、书会传承与乡民社会——胡集书会调查与研究》，山东大学硕士学位论文2008年，第49页。

一套书，就没有请他，结果被西花赵请了去。后来村民听说去年曾在此说书的艺人被雇到了西花赵，因上一年听顺了耳，而且两村相隔只有 0.5 公里，来回十分方便，于是就有许多人跑到西花赵去听书，结果导致胡集村的说书场地都"没大有人了"①。

接艺人回村

按惯例，一个村通常只请一档艺人下村表演，但有时在一个大村、富村的地域范围内也会出现请两档甚至两档以上艺人进行表演的景象。历史上，胡集村虽为"握东南数县之金融中心"的大村、富村，但却一直保持着只雇请一档艺人的传统。作为胡集镇政府驻地，从 20 世纪 90 年代开始，胡集村在原有基础上又分别修建了书会路、政和路等商贸街道。这使胡集村地域范围迅速扩大，外来人口也迅速增加。鉴于这种情况，从 2008 年胡集镇政府采取安排艺人下村的举措之后，镇政府就每年在胡集村村域范围内安排两档以上的艺人。其中胡集村委会安排一档，镇政府门前安排一档。两书场相隔非常之近，村民可根据喜好自由地选择去何处听书。不过在很多胡集村老年村民看来，虽然两个书场都处于胡集村地域范围内，但镇政府门前的艺人是属于镇上而不是村里的。于是在两边的听众也就出现了差异。村

① 胡玉田，男，胡集村人。访谈时间：2010 年 2 月 26 日晚上。

委会书场一般是居住在原胡集老村范围内的村民，而镇政府门前则多是居住在商业街上的村民、到镇上购物办事者及外来人口，且人数也相对多一些。在年龄构成上，村委会听众基本为清一色的老年人。镇政府门前则相对庞杂，不时出现一些年轻人的身影，但流动性大，固定于此的听书者的比例相比于村委会要低得多。这主要是由于镇政府就位于商业街上，来去自如，且人员往来频繁，很多人只是看热闹般临时驻足欣赏一下。

作为胡集书会的主办地与制高点，胡集村曾请过诸多知名书会艺人前来表演，并深受村民喜爱。至今仍经常被一些老年村民提及的说书艺人是利津盐窝人尚五，他的《岳飞传》表演曾令众多村民如痴如醉。据说在抗日战争爆发之前的某年书会，胡集村请了尚五到村里表演，所说的书目是他拿手的《岳飞传》。正月十二晚上第一场书，他挑选了《岳飞传》中最热闹的一段《枪挑小梁王》给大家表演。结果正节说了 4 天 5 晚上 13 场书，尚五也没说到岳飞也没把小梁王挑死。最后一晚，在人们的掌声中他又奉送了 2 个小回头[①]，小梁王仍然没死。之所以如此，是因为尚五说书不但交代故事情节，还把人物的心理活动分析得头头是道。比如岳飞与小梁王交战，一开始心里踌躇不定，签订生死文书后，才大胆拼杀，而尚五则把这一过程分析得合情合理、惟妙惟肖。因此，对胡集当地村民来说，尚五说书非常具有吸引力。据说当时胡集村有个青年听尚五说书入了迷，口水流下来也不知道，

走，听书去

① 回头：书会行话，一个“回头”即一段书，是书会艺人于村内表演时的最小时段单元与情节单元。通常一个回头为一个小时左右，短则 40 多分钟，具体视说书艺人的说书进程与时间把握而定。

书场散了还站在那里不动弹。醒过神来后，只听口中念念有词，什么岳飞岳鹏举、宗泽宗元帅。父亲叫他去干活，他也说“得令”。后来此人入了党，立场坚定，爱憎分明，还把独子送去参了军。这是否与因听说书而受了岳飞精忠报国思想的感染有关，不得而知。[①]

听说书的人群

1964年书会，胡集村请了当时很有名的阳信艺人万荣海在村里说书，说的书目是《光武兴汉》。那时村里还没有通电，晚上在大队部场院里摆了一张桌子，桌上放着一盏马灯，作为简单的演出设施。由于怕挤坏了门窗，村干部不敢让万荣海在屋里说。表演开始前，大队部里早已挤满了黑压压的人群。万荣海拿出书鼓，“咚咚”敲了几下，并扬起竹板，敞开嗓子唱了起来，简单几句唱词就把人们带到了金戈铁马的战乱年代。偌大的院子里满满当当，人们把说书人围得里三层外三层。最前头是老头、老太太还有小孩子，坐着马扎、矮凳子；中间是年轻妇女、壮年男子，坐着小凳子；再往后是小青年，直接站在地上听书，有的人看不见，就站在凳子上看。整个书场不下三四百人，大家围着说书人，呈扇形向后扩散，并层层加高，就如同剧院看台一

① 参见韩克顺：《胡集书会》，第132～133页。

般。天气寒冷，人们穿着大衣，戴着帽子，在院子里一听就是3个小时，中途几乎没有人退场。万荣海的说唱故事情节紧凑，环环相扣，声情并茂，非常富有吸引力。人们听了这场盼下场，4天5晚的时间不知不觉就过完了。正月十六晚上最后一场书，正式表演结束后万荣海又赠送了2个回头，但人们还是不散场。可天下没有不散的筵席，也没有不收的书场。最后没办法，万荣海只好拱手作揖，说希望来年再相会。1965年、1966年两年，万荣海果真又连续被雇请到胡集村说书，还是那一部《光武兴汉》，但故事情节并不重复，人们仍旧听得如痴如醉。①

1985年在胡集村说书的是李淑珍、李淑玥姐妹，书场仍就设在村内大队部。正月十五，天一直飘着雪花，但大队部里仍挤满了听书的人们。有的撑着雨伞，有的穿着雨衣，有的几人合顶着一块塑料布，还有的就干脆直接站在雪地里。书场上鸦雀无声，人们都沉浸于艺人的精彩表演之中。有的张口瞪眼，有的身如直棍，有的嘴里流着口水。人们不仅如痴如醉地听，还把大型收录机搬来，在说书摊前摆了两排。人们不满足于现场听书，还要把这精彩的书段给录下来，这样书会散后仍然可以听——把收录机放在枕边、炕头或田间地头，随时随地都可以听。②

2011年被安排到胡集村说书的是阳信艺人王秀兰、王秀花姐妹，王秀兰负责“说”，王秀花负责“弹”。说书场地仍被安排在村委会内，只是在办公室内而非院子里。通常是一天2场，具体书目是《刘公案》之《双凤告》。第一场书于正月十二晚上7点钟开场。开始表演之前，王秀兰先与早到场的村民聊了会儿家常。7点钟说书开始，由于是第一场书，因此来的人不是很多，最多时

艺人王秀兰、王秀花

① 参见韩克顺:《胡集书会》,第74～76、178页。
② 参见韩克顺:《胡集书会》,第76～77页。

也不到30人，除几个孩子外，基本全为老年人，且以男性居多。正月十三上午，由于镇上有文艺汇演，导致说书场内人数明显要比正月十二晚上少，只有20多人。但从正月十三晚上开始，以后每场人数逐步增多，到正月十六晚上达于鼎盛，将近60人。不过以老年人为主的局面一直未改变。虽然观众人数与胡集书会兴盛时期几百人的盛况已无法相比，但却已是最近几年内胡集村观众最多的一年了。另外，与本年度其他说书村落相比，胡集村也是观众相对较多的村落。村民都评价王秀兰是近几年到胡集村说书最好的一个，正是因为村民的高度评价与相互传播，观众人数才逐场增多（具体情况参见本书"附录"《2011年胡集村说书进程与观众概况》）。

2008年以前，每年书会胡集村都是雇请"最好的"艺人进村演出，书价自然也就是当年书会上最高的。中华人民共和国成立之前，作为一个商业与金融繁盛之地，对胡集村来说拿出这些钱并非难事，通常几个店铺或票号各自凑一些就解决了，不必向普通民众筹钱。另外，与其他村庄相比，艺人在胡集说书还有另外一个好处：倘若说得好，还能收到许多店铺掌柜的赏钱，赏钱有时甚至比书价还多，尚五说书的那年就是如此。中华人民共和国成立以后，尤其是20世纪60年代中期以后，受多种因素的影响，胡集村的繁荣程度大不如前，但作为胡集公社（后为镇）政府驻地及胡集大集所在地，胡集村仍是周边范围内数一数二的富裕村庄。因此，请书费用通常还是由村集体承担，而没有挨家挨户筹钱的情况。①

20世纪90年代以后，随着胡集书会的日益衰落，各村请书热情大为减弱，观众也出现了断层。在这种情形下，即使作为书会主办地与制高点的胡集村，也如同其他村落一样失去了对传统说唱艺术的热情，导致盛况不再：听书人数大为减少，且以老年人占绝对多数。虽然也有许多小孩子，但纯粹是看热闹而非听书。② 2008年以后，村落失去了选择艺人的权利，完全改由镇政府安排。胡集村在一定程度上也就失去了以往的优势与特权，但从总

① 请书费用一般情况下均由村集体承担，尤其是在中华人民共和国成立以后。不过亦有很多村庄采取按户筹钱或筹粮食的方式支付。相比于提留、集资等，敛说书钱很容易，原因有二：一是不多，二是大家对说书都极为热爱，因此都会踊跃交纳。

② 也有极个别孩子对听书非常感兴趣，如紧靠村委会的杂货店老板胡玉田老人的孙子胡一桐，即对说书非常感兴趣，每天都准时到村委会听书。他不仅能讲出很多知名书会艺人的轶事，还能对演出评价一番。2010年书会，他特意在胡集村委会大门上写了"说书，西河大鼓。早：10:00～12:00；晚：19:00～21:00"的字样，以提醒过往行人有艺人在此说书。

体上来说，这些年被安排到胡集村委会表演的说书艺人，如 2008 年的许同贵、2009 年的白曰华、2010 年的陈春亭、2011 年的王秀兰，虽不能说就是当年书会上最好的艺人，但在民众中都享有很高的知名度。只是受现代丰富多彩的娱乐方式的影响，民众的听书热情已大不如从前。

听书的村民

小书迷胡一桐

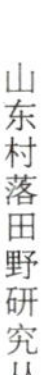

附　　2011年胡集书会胡集村说书进程与听众概况①

时　间:2011年2月14日晚～2月18日晚

地　点:胡集村村委会

表演者:王秀兰、王秀花

正　书:《刘公案》之《双凤告》

场　次:一天两场,分为上午和晚上

上午:10:00～12:00

晚上:19:00～21:00

第一场

时　间:2011年2月14日晚(正月十二)

19:00　艺人自我介绍　23人(4孩)

19:05　开场念白《说书唱戏劝人方》

19:10　小段《罗成算卦》

19:20　小段结束　24人(10女)

19:20～19:24　向观众介绍表演曲目及具体说书段落

19:25　正书开始　27人(12女)

20:05～20:11　休息　26人(10女)

20:11　正书开始　21人(6女),其中1外村人(西花赵)

21:00　正书结束　19人(6女)

第二场

时　间:2011年2月15日(正月十三)上午

9:20　6人于院内等候听书

10:01　小段《临潼山救驾》　12人(1女,2孩)

10:22　小段结束

10:22～10:27　休息

10:27　敲鼓,准备

10:29　正书开始　17人(1女)

11:20　正书结束　19人(2女)

---

① 本附录据艾晓飞、吴美云调查资料整理而成。每个时间点后面的人数表示当时在书场内的总人数,括号内数字表示在场之妇女与孩子人数,其中“女”指女性,“孩”指孩子。

11:20～11:27　休息

11:27　敲鼓,准备

11:29　正书开始　16 人(3 女)

12:00　正书结束　20 人(4 女,2 孩)

第三场

时　间:2011 年 2 月 15 日(正月十三)晚上

19:00　小段《罗成托梦》　28 人

19:13　小段结束

19:14　正书开始

20:05　休息

20:14　正书开始　30 人

21:00　结束

第四场

时　间:2011 年 2 月 16 日(正月十四)上午

9:36　准备　23 人(7 女)

9:47　击鼓　33 人(10 女,5 孩)

9:52　小段《双拜年》　39 人(11 女,6 孩)

10:20　小段结束　35 人

10:24　正书开始

11:18　休息

11:25　正书开始　31 人(10 女)

12:00　说书结束

第五场

时　间:2011 年 2 月 16 日(正月十四)晚上

18:00　一老人开始在等候

18:26　6 人(1 女)在等候

18:37　13 人(3 女)

18:47　开始准备　20 人

18:49　击鼓准备　23 人(9 女,1 孩)

18:55　小段《杨八姐游春》　31 人(11 女,3 孩)

19:18　小段结束　41 人(14 女,5 孩)

19:23　正书开始　36 人(14 女,1 孩)

19:45　54 人(18 女,6 孩)

20:05　58 人(20 女,6 孩)

20:12　休息

20:18　正书开始,41 人(13 女,2 孩)

20:23　45 人(17 女,2 孩)

21:00　说书结束

第六场

时　间:2011 年 2 月 17 日(正月十五)上午

9:36　12 人(2 女)

9:44　准备　18 人(4 女)

9:50　敲鼓　21 人(5 女,1 孩)

9:56　小段《天雷报》　26 人(10 女,1 孩)

10:22　小段结束　41 人

10:27　正书开始　43 人(15 女)

11:15　休息

11:21　正书开始　40 人

11:41　45 人

12:01　说书结束　37 人

第七场

时　间:2011 年 2 月 17 日(正月十五)晚上

18:42　15 人(4 女)

18:45　准备　22 人(7 女)

18:47　敲鼓　22 人(7 女)

18:55　小段《玲珑塔》　35 人(15 女)

19:04　42 人(16 女)

19:10　小段结束　45 人(17 女)

19:16　正书开始　50 人(18 女)

19:40　50 人(17 女)

19:57　56 人(20 女)

20:12　休息

20:17　正书开始　51 人(20 女)

20:52　休息

20:53　正书开始(加演一段)

21:07　说书结束

第八场

时　间　2011 年 2 月 18 日(正月十六)上午

9:36　13 人(2 女)

9:44　敲鼓准备　18 人(5 女)

9:52　小段《李三娘打水》　25 人(11 女,2 孩)

10:05　29 人(13 女)

10:22　小段结束　37 人(15 女)

10:25　正书开始　37 人(15 女)

11:11　39 人(15 女)

11:23　休息

11:28　正书开始

12:05　说书结束　40 人

第九场

时　间:2011 年 2 月 18 日(正月十六)晚上

18:47　敲鼓　25 人(7 女)

18:52　小段《郭巨埋儿》　28 人(8 女)

19:06　42 人(13 女)

19:18　小段结束

19:20　正书开始　50 人(15 女)

20:09　休息　59 人(室内爆满,门外、窗外都有人站着听)

20:12　正书开始　50 人

21:11　说书结束　49 人

第六章

村里的人 村里的事

放眼全国，中国的村落不下几百万个。[①] 不过，虽然我们有如此众多的村落，但每个村落却都是独一无二的。如同找不到两片完全相同的树叶，我们也找不到两个完全一样的村落。虽然从外观上看，某一特定区域内的村落可能并没有多少差别，但真正决定一个村庄"性格"的，并不是建筑等外观形式，而是生活于其中的人及他们所负载的独特的社会生活与文化。而这独特的社会生活与文化，又是通过生活于其中的人、发生于其中的事体现出来的。

一、老人、老事儿

所谓一国有一国之史，一地有一地之史，一村自然亦有一村之史。一个村落的历史首先应该是其建村史与家族迁移史。胡集村是一个建村历史悠久的村落，我们已在第一章对其建村史与家族史做了相关介绍。除此之外，每个村落还会有一些特定的人与事为人们所铭记与流传。不过，由于这些人和事更多是通过口耳相传而没有文字记载，因此人们"记忆"中的事情的

① 2000 年全国约有 360 万个村落，2011 年是 270 万个，而到 2015 年则只有 200 万个左右。见冯骥才：《中国每天消失 100 个村落》，载 2015 年 3 月 6 日《信息时报》。

发生年代通常并不久远。如今在胡集村流传的，主要是民国时期的一些老人与老事。这些“记忆”，或“真实”，或“虚构”，或经过了人为的加工，但都反映出人们对过去及当下的理解。

村南头西侧场院里有棵大槐树，号称“唐槐”，平日二、七大集时说书艺人会在树下说书，相传秦琼曾在此拴过马。隋末唐初，群雄四起，瓦岗寨农民起义军首领秦琼受命领兵前去攻打登州（今山东蓬莱）。大兵路过胡集一带，早已人困马乏，正踯躅间，忽见探马来报，说在前面发现一村落，且整个村子一片葱茏，绿树成荫。秦琼闻之大喜，忙策马扬鞭，带领士兵们急急向前。走了不到数里，果见树荫一片，道旁店铺林立，林间鸟语悦耳。秦琼见之，顿觉心旷神怡，遂于大槐树下拴马驻足，并命人前去安排吃饭、住宿事宜。酒足饭饱，又经一夜休息，整支部队是人欢马壮，遂士气高涨地前往登州，并顺利拿下登州。①

胡集人向来有与人为善、不排外的传统。传说胡集街曾有一个卖黏粥的，一天在大街上看到一个要饭的孩子，瘦骨嶙峋，穿着破烂，十分可怜。看孩子饥饿难耐，他本有意让孩子饱餐一顿，但又怕伤了他的自尊，于是灵机一动，对孩子说：“你帮我刷刷碗吧，我管你饭吃。”孩子帮他刷完了碗，吃了一顿饱饭，便离开了。过了不知多少年，这个曾经要饭的穷苦孩子经过不懈努力，高中进士并做了大官。他没有忘记卖黏粥之人对他的恩情，便专门来到胡集村报答自己的恩人，不仅给了卖黏粥的很多钱，还送给他 2 盏大宫灯。

胡集村善行义举榜

① 参见韩克顺：《胡集书会》，第 50～51 页。

如果说以上两个故事充满了“戏说”与“虚构”意味的话，那么有关清末民国时期村里诸多人与事的叙述与记忆，则看起来“真实”得多。这些叙事所涉及的人物，有一个即为民国时期的“省议员”胡志万。清光绪三十三年(1907 年)，清政府预备立宪，于各省筹设咨议局；民国成立后，各省成立省议会，以作为一省的咨询和立法机关。“省议会”由“议员”组成，“议员”则通过选举产生，任期 4 年，可连选连任。正是在此大背景下，胡志万作为鲁北经济与商贸中心胡集村的大户人家，被选为“省议会”的“省议员”。虽然“省议员”没有多少实际的权力，但毕竟也是有头有脸的人物。为此，他曾利用自己的影响与权威，帮村里办了许多好事。

胡集村以西有条河叫“西河”(即现在的西屯沟)，自南向北流，最终流向徒骇河。有一年(抗日战争爆发之前某年)，胡集周边发了大水，邻村道口张为了保护自己的村庄不受洪水侵害，便在西河上修了一道横堰，结果洪水全都漫到了胡集、花赵、皂户杨等村内。鉴于此，这几个村庄的村民纷纷要求道口张将横堰扒掉，但他们就是不听。这时胡集村的一个青年实在看不下去了，就扛着一把铡刀，带了一群人去扒道口张村筑的横堰。由于害怕发生不可控制的事情，所以青年去之前先咨询了胡志万：“我们去扒堰行不行?”胡志万说：“行啊，出了事我负责。”到了道口张村，青年一行人发现他们早已有所准备。4 位道口张村村民用椅子抬着一位老秀才，其他人也都站在道上以壮声势。老秀才对胡集村的人说：“我看你们谁敢扒，扒的话我马上去县里告你们!”“去县里？就是去省里我们也不怕你。”于是不由分说，胡集村的人一拥而上，老秀才及道口张村民都被吓跑了，横堰也就被扒开了。水顺着西河顺势流下，水患解除了，但道口张却遭了殃。为此，他们非常恼怒，随即派人去县里状告胡集村。这边刚一动身，胡集村那边也立马派人去了县里。鉴于“省议员”胡志万的威望及当地只能打顺堰、不能打横堰的传统规矩，胡集村顺利地打赢了官司。

一位住在村北头的村民，在商业街上开了一家茶馆。某年冬天，正逢胡集大集，这位村民因为“敛地皮钱”或是其他原因，与他茶馆门前的一位摊贩吵了起来，结果在争执过程中不小心将摊贩打死了，然后就被警察抓了起来。他的家人赶紧来到“省议员”胡志万家里，求他想办法。“省议员”胡志万二话没说，就来到局子里，对警察说：“马上就要过年了，让孩子先回家过年吧!”

然后就将人领了出来。在赔偿给死者家人一笔钱后，此事便顺利解决了。

民国时期，胡集村的另一位重要人物是胡统江。对于胡统江，我们在第一章中已有提及，惠民县县立第一小学及胡集村的圩子墙，就是在他的主持与带领下建立起来的，他对胡集村的建设做出了重要贡献。胡统江是胡集村大地主，家住村北头，19 岁即开始担任胡集镇镇长。抗战全面爆发时，胡统江已升任第七区胡集区区长，但他不愿为日本人效力，便离村加入了国民党部队，后升任王耀武部队的运输团团长。解放战争时期，胡统江跟随王耀武驻扎在济南。凡村里人有去济南的，他都会给予力所能及的照顾与帮助。

老墙壁

胡统江任胡集镇镇长与第七区区长时，真武庙已被改为“局子”，即镇警察局所在地。当时，整个社会的治安非常混乱，正如民国《续修惠民县志》卷二《营建志》所说的那样，“土匪四起”。一次，警察抓住了一个“贼”，是胡集村“坐地胡”一位美字辈的族人。这位族人被抓后，关押在真武庙内，“鸭子浮水”（即只让脚尖着地）吊在房梁上并被狠狠地打。当时，胡美亭在“局子”里负责烧火做饭，给他送饭时，一看四下无人，就偷偷在他脚下垫上了 3 块砖——这下脚就能完全着地了。不久，另一位警察走了进来，一看他脚底下有砖，便问谁给他垫上的砖，并一脚将砖踢到了旁边。后来他被狠狠地打了一顿后释放了。他对踢掉他脚下砖的警察（也是与他辈分相同的族兄弟）非常痛恨，便在某天带了十几个人，携带十来条枪，非要枪毙了他，并向胡美亭表达谢意。胡美亭就对他说：“你不用谢我，也别去找踢掉你砖的人报仇，都是自家兄弟，算了吧。”

胡美亭有一位“酒友”名叫孙克章，比他小几岁，是当时惠民县县立第一小学的教师，两人经常在一块儿喝酒聊天。一天，从惠民县城来了几个人，

说是来逮捕共产党的。胡美亭赶紧烧火、做饭，先伺候他们喝酒、吃饭，趁机就问是来逮捕谁的，那伙人说是孙克章。一听是自己的好友，他心里就有点着急。趁他们喝酒、吃饭的空，胡美亭赶紧跑到学校里找到孙克章，对他说："孙老师，坏了，有人要逮你，你快跑吧！"于是孙克章就赶紧离开了胡集，没有被抓住。事后胡美亭才得知，孙克章原来是中共地下党员，据说后来他还做过当地武工队的队长。

日本发动全面侵华战争后，很快便占领了惠民及胡集地区。日军虽然没有在胡集村驻军，但鉴于胡集村的重要地位，就在此建立起一套行政机构，意欲加强对胡集行政与军事方面的控制。当时，胡玉田的老爷爷胡增在担任街长，相当于现在的村长。当时胡集还不叫"村"，而称"街"。在胡集街，胡增在为人公正，很有威望，平时无论本村的还是外村来赶集的人，有什么问题都会找他来帮忙处理。[①] 日本人占领胡集村的时候，胡增在已将近60岁，于是就辞掉了街长的职务。但鉴于他在地方上的崇高威望，日伪政府就想让他继续出任胡集街的街长，但他坚决不干，义正词严地说："鬼子来了，再干就得给鬼子办事了。我给鬼子办事意味着什么呢？汉奸！日本人在这执政，我给他办事不是汉奸吗？说啥不干的原因就在这，坚决不给鬼子办事。"[②]

日本投降后，惠民地区在1947年进行了土地改革。在此过程中，国民党势力展开了疯狂的反扑与破坏。为镇压各种反动势力，同时清算抗日战争时期的各种敌伪势力，胡集村在中国共产党的领导下开展了轰轰烈烈的镇反运动。胡集村的镇反运动是在东圩子门外进行的。全村人都集合于此，各级政府也都派出了自己的代表。周围房屋屋顶上站满了基干民兵、区中队等，全都荷枪实弹，房屋下面则站着几位敌特分子与"二鬼子"——抗战时期曾做过日伪军的人，这其中就有胡集村的一位韩姓村民。斗到高潮处，人们群情激奋，呐喊各种口号，民兵则对空鸣枪，气氛非常热烈，有力地震慑了各种敌对势力。

---

① 胡增在的主业是开车马店，也就是后来的胡家老店。每年书会期间，都会有大量艺人入住在他开的旅店里。正月十二这天，很多艺人卖不下去，也无钱住店、吃饭。胡增在就对他们说："你们的店钱、饭钱我先记到本子上，什么时候有钱就什么时候给我，或者明年来的时候再捎给我也行，先踏实住着就是。"

② 胡玉田，男，胡集村人。访谈时间：2017年3月25日上午。

二、探究老事的人

每个村子都有自己的老事儿，比如村落与家族的历史、某座庙的建筑年代、某个重要事件的来龙去脉等。这些老事儿作为村里的集体记忆，曾在广大村民中口耳相传、代代流传。但如今，随着村落社会的急速变迁和人口的快速流动，这些曾经的村落记忆却逐渐淡出了人们的视线，与此同时，一些老规矩、老传统也正日益失去其规约力。在今天的胡集村，这样的现象亦同样正在发生着。对此，许多人深感忧虑，胡希文即是其中的一位。他说：

> 村里知道这个历史的人几乎没有了。各个院里（即房支、家支）都乱了，也就知道三代，再往上就都不知道了，自己跟谁家近，各个院、各个支大都不知道了……你写胡集，就得了解它的历史。①

为此，几十年来，他"反其道而行之"，在日常的生活、工作之余，一直致力于胡集村村落历史的探究与整理工作。

胡希文

胡希文，1953 年出生，因受"三年自然灾害"的影响，一直到 1962 年才开始上小学，学习语文、算术、常识、音乐、体育等课程，三年级时开始上俄语课

① 胡希文，男，胡集村人。访谈时间：2017 年 3 月 24 日下午。下面胡希文的相关访谈资料，不再特别注明。

程。至今他仍清楚地记得老师们的名字，如周礼亭、王希奎、曹玉俭等。由于学习成绩比较优异，他曾先后担任班级里的中队长及学校里面的大队长。

1970年初中毕业后，因父亲年龄已大，胡希文开始顶替父亲到外地出夫，在惠民加固黄河大坝，还到阳信开挖沟盘河等。虽然年龄不大，但由于干活卖力，又是初中毕业生，胡希文很快就被公社领导看中，让其负责带工，即带领征调上来的民工干活，后又被提拔为连队司务长。当时实行军事化管理，公社设有营、连等机构。1972年，在村里的一再要求下，胡希文回村担任生产队会计，但一直干得不愉快，他就出去了。从村里出来后，胡希文先是被公社安排在胡集管区带工，一年后又被安排到公社建筑公司去工作。"一天1元2角5分，那时候了不得啊！"一干就是近10年。在此期间，胡希文于1976年结婚，岳父家为魏集镇王家。从建筑队回家后，他将主要心思用在了种自家的责任田上，主要是种棉花，后来还曾培育过苹果树苗与梨树苗，亦曾种过桑树。如今，他的主业是从事家具营销生意，包括两个儿子在内，全家年收入有三四十万。用他自己的话说：

反正在村里，咱的收入算中游吧！我很实际，自己是干啥的，自己必须明白。咱是个农民，只能凭自己，脚踏实地，勤俭守法。

从上小学时，胡希文便喜欢读报、看书，经常到学校、村委会等借书、报阅读，自此之后，这种习惯就一直保留着，凡事他都喜欢探个究竟。比如种棉花，大部分人家都是按照老辈积累下来的经验进行种植，而他则购买了大量与棉花种植相关的书籍，不仅认真阅读，还将相关知识运用到自己的棉花种植中来。比如，他在书上注意到，惠民当地每年最后一次冷空气通常是在4月20日前后，于是他就在这天前后扒开棉花种植时覆盖的塑料薄膜。后来培植苹果、梨及桑树苗，他也购买了大量相关书籍。为此，他还被镇上抽调干了一年的技术员，具体负责8个村庄的果树栽培与种植。

胡希文开始对村落历史感兴趣，则始于他20多岁时，而这又与家庭的影响有直接关系。他说：

我真正钻研村里的历史，我得够……20多岁，当时俺父亲还在世。在家族里，俺是老大，就得管家。早先有庙时，庙有庙产，庙上有东西就有收入。这个收入必须是公家来开支，就是俺掌握着。关于村史、续谱等，为啥我知道，是因为我父亲一直跟我说这个……我们家也一直管这

个事。我有次跟村里人说，村里这个历史再不弄就晚了，抽空咱写写吧。因为各个院都续不起来了，谁跟谁近也不知道，怎么来的就更说不清了。

胡希文的父亲即胡美亭(1910～1976 年)，民国时期曾长期在胡统江、胡勤武等人身边执勤。先是在真武庙的“局子”里负责烧火、做饭，后来又做胡勤武的跟班。因此，他对民国时期村里的重要人物、所发生的重大事件及逸闻趣事等都非常清楚，并时常将这些事讲给自己的儿子胡希文听。

胡希文收藏的民国《续修惠民县志》

对村落与家族历史感兴趣后，胡希文即开始搜集并探究有关村落与家族历史的相关资料。总体来看，他的资料来源主要有三个：一是祖辈讲述，除自己的父亲给他讲述的村落、家族历史外，他还主动向村中一些老人，比如他的叔叔胡梅亭，调查、问讯过相关事情；二是实地问讯与调查，比如为了编修“坐地胡”的家谱，他曾亲自跑到惠民县辛店镇棉花王村进行调查；三是文献资料，比较重要的是民国《续修惠民县志》(只有第二、三、四卷)与同治年间所修的《胡氏世谱》残卷，此外就是他自己购买的相关报刊与书籍。如《新传奇》[①]《读者文摘》《滨州日报》《唐宋八大家》《唐诗三百首》《名家点评〈三国演义〉〈儒林外史〉》《中国通史》《经世谋臣》《中国文学故事大观》。他曾说：

我买了很多历史书，都是从书摊上买的。我到一个地方去玩，都是先去逛书摊，我从小就爱看历史书籍，也爱看小说，早先时我买了很多小说。

① 《新传奇》是《今古传奇》报刊集团倾力打造的一份与众不同的传奇揭秘杂志。2008 年 11 月 1 日正式刊行。其以解读传奇新闻、披露传奇内幕、发掘传奇盲点为己任，以还原真相、探求真实、追寻真知为责任，以关爱生命、关怀心灵、关注民生为重任，是一本融人性加人情、新闻加旧闻、时尚加时代、揭秘加解密为一体的传奇揭秘杂志。百度百科：http://baike.baidu.com，2017 年 6 月 19 日。

按胡希文的说法，经过几十年的努力与探究，他对胡集村的村落与家族历史等已有了比较全面而详细的了解："姓韩的咋来的？姓胡的几支是咋来的？我都了解。很多人现在都不知道这些事了。"他的最终目标是将这些"历史"全部写出来，留给胡集村的子孙后代。但由于忙于生活与生意，这项工作并未能全面展开，他只完成了15页的手写《胡氏宗谱》一部（详见第一章论述）。"我现在光想办，可闲不下来。但俺这个村该有个历史！"因此，当他听说笔者要写一本有关胡集村的书时，非常高兴，并一再表态："你的工作，我一定大力支持。"

在自己的实际调查并结合相关历史著作讲述的基础上，胡希文对村落的诸多事件，如家族迁居史、村落建立史、村落与集市的关系、真武庙的历史以及胡集书会的起源时间等，都提出了自己的认识与见解。比如，他认为胡集村的建村时间并非明朝初年，而是春秋时期，是随着"坐地胡"落户此地而建立起来的；"迁入胡"的迁入祖，并非只有胡达吉一人，还有胡昆、胡仑及胡达河等；真武庙最早供奉的神仙不是真武大帝，而是颛顼，之所以后世以农历三月三为真武庙会，是因为三月三是颛顼的生日；等等。因此，关于胡集村的历史，他向笔者建议："咱们就往前推。因为孙武封到这里时，是春秋时期。私人档案咱又没有，家谱上也没有，又不像人家孔子、孟子那样。"在他看来，由于胡集村建村于春秋时期，同时又是国家级非物质文化遗产胡集书会的举办地，而全村又以"胡"姓为主要姓氏，因此他强烈建议笔者将这本有关胡集村的书定名为《胡乐春秋》。

在村庄与集市的关系上胡希文认为应该是先有村后有集。"我们庄肯定是先有庄，后有集，有了集，人才开始多了。有了人，才有交换。后来这个集越来越大，就改叫'胡家集'。现在这些事村里知道的不多，年轻的更不知道了。"

同样，关于胡集书会的历史，他认为并非始于元代，而是北宋时期：

北宋时中国就有说书的记载了，我们是唯一或者两个传下来的。当时他们在哪里说？我们这里，因为我们这里早就有集了，我们又喜爱这个说书。为什么说这个800年不行呢？800年前是南宋。南宋时，长江以北大部分地区都是金朝，金朝不提倡说书，说书艺人是以中原文化为主的！总而言之，金代不提倡中原文化。说由南宋时期发展而来的

是不可能的,只能是北宋。说书以开封为发源地向四处扩散。

为了改变当下村里人对村落与家族历史的漠视状况,胡希文总是在不同的场合,对村里人、家里人讲述他的探究成果。只是,让他失望的是,现在的年轻人对这些事根本就不在乎了:

> 我常把村里的那些事讲给孩子们听,有时候讲一讲自己这个家族是怎么来的,哪辈发生了哪些事。他们都听烦了,也不愿意听,孙子更不听了。

三、村落经济能人

作为曾经的鲁北商业与金融中心,长期而繁盛的经贸发展培养了胡集人善于经商的优良传统。中华人民共和国成立以后,由于种种原因,胡集曾经的辉煌已不复存在——但作为是周边数一数二的经济大村,胡集人善于经商的传统却一直延续了下来。尤其是改革开放后,胡集人充分利用自身地理区位及相关政策优势,积极投身商海,大大推动了村落与区域经济发展。在此过程中,村里涌现出一大批的经济能人,其中年收入在一两百万以上的"大户","怎么也得有个十个八个的"。这些大户中,据说有些人的身价高达几千万。一两百万的年收入在许多大企业家眼里或许根本不值一提,但考虑到这是在鲁北的农村地区,一两百万已实属比较可观的收入。这些"大户"们各有各的经营主业:有的经营旅馆,比如胡海军;有的开饭店、进行房地产开发,比如胡玉金;有的从事大型工程机械,比如胡云平。总之,各有各的经商之道,各有各的经商历程。这其中,胡云平的发家致富之路可谓具有一定的传奇色彩。他幼年丧父,白手起家,最终靠自己的努力奋斗以及对商机的把握,挣下了一份在大多数村民看来还算不错的家业。

胡云平,1974 年出生,3 岁(2 周岁)时其父亲即因病去世,全靠母亲一人将他拉扯大。当时,他的母亲主要在胡集街上卖炒花生(当地俗称"长果"),头天晚上炒好,然后白天赶集或到街上去卖。按胡云平的话说:"一季也能挣一些钱。虽然我父亲没了,但做个小生意,和他们的日子都一样,并且不

弱于人家。后来，我干的生意，也不弱于人家。”[①]由于要做卖花生的小生意，还要兼顾地里的农活，他的母亲平时根本就照顾不上他，他只能有时候去姑姑家，有时候去姥姥家。这大大锻炼了胡云平自立、自强的性格，他8岁(虚岁)上学后，就基本能够生活自理了。放学回家后，他大多时候都是自己做饭、蒸馒头，很多时候还要帮自己的母亲炒花生、卖花生。这初步锻炼了他的经商能力。而如今，早已为人父的胡云平，亦如当年他的母亲一样，由于平时要忙于做生意，因此根本照顾不上孩子。为此，他专门托关系，将孩子送到了济南的一家寄宿制学校就读，每周一次来回接送。对于不能让孩子经常待在自己身边，他深感愧疚。

村民胡云平

1989年，胡云平初中毕业，未能升入高中继续学习。当时胡集村的牛市还非常兴盛，村里很多人都在从事贩卖牛的生意，其中就包括胡云平的两位伯父。由于父亲早逝，两位伯父对他多有照顾。初中毕业后，胡云平即开始跟着自己的伯父做贩卖耕牛的生意。就这样做了两年多贩牛的买卖，虽然卖一头牛能挣一两百元钱，并不算少，但由于贩卖量少，两三年下来胡云平

① 胡云平，男，胡集村人。访谈时间：2017年3月25日下午。此处有关胡云平的相关描述，即主要依据此次访谈资料。

并没有挣到多少钱。于是胡云平决定放弃贩牛生意，开始打工，先是在工地上做建筑小工，但一天也没能坚持下来。随后他又跟着表哥到淄博去做装修的活儿，但前后只干了6天就因觉得太累而作罢。该干些什么呢？刚巧他的另一个表哥在济南修表，于是他又从淄博来到济南，跟着表哥学修表的活。但学了半个月，发现这活也不行，于是表兄弟两个一商量，做起了给空车配货的生意。正是靠此生意，他成功地挖到了人生中的第一桶金：

> 一看修表不行，就去干配货，就是给空车配货……我和表哥拿起电话来就打，电话那头说，你上前边装货去吧，给留下100元信息费。从党家庄那里发到北外环，就100元……那个时候差不多挣了四五万元。

在济南干了两年多空车配货生意后，他回到了胡集村。之所以放弃了这一还算赚钱的买卖，主要是因为“那时候配货不正规”。回家后，他用积攒的4万元买了一辆小货车，开始搞出租，跑运输，主要是给酱油厂运糖色，即一种制作酱油、醋等的原料，有时也帮当地卖枣、栗子的商家到章丘去拉货。跑了几年运输，吃尽了苦头。2001年11月，有一次他开车到昌邑去送货，下着雨夹雪，有些寒冷，货车的一个零部件松动掉进了水箱里，把小水泵给弄坏了。他好不容易坚持开到一家修车坊，结果人家不给修，他只好自己动手修车。没有零部件，就自己去购买。买回小水泵等零部件后，他便开始修车，一直修到晚上12点。车修好后，他顾不上休息，便连夜开车往家赶，路上困得实在撑不住了就停在路边睡一会儿，然后继续往回赶，回到家时天才蒙蒙亮。经此事件后，他停止了跑运输的工作，货车也被卖掉了。

20世纪90年代以后，胡集镇政府决定对镇政府驻地进行新的商业规划与开发，允许胡集村村民在新开发的商业街两侧按照已有规划，自己投资、建设商品房。于是胡云平就在今新十字街以南、书会路以西，投入5万元盖了座门头房，上、下两层，共8间。楼房盖好后，又以此为基地开起了饭店，取名叫“红太阳饭店”。之所以想到干饭店生意，是因为胡云平到章丘运输枣、栗子时，经常到一家饭店去吃饭，看人家生意很红火，而胡集村也是人流往来之地，于是就想到了做饭店生意。这给他带来了很大的收益。他说：“盖楼的时候，我拉了两三万的饥荒（即债务）。干了饭店后，挣了钱，一年就还上了。后来又赶上生意挺好，最好的时候，一年能挣20万。”

2007年，为进一步促进经济发展，胡集镇政府出台了招商引资的政策，

凡能投入200万元者，就能获得一块土地并无偿使用50年。于是，胡云平拿出自己的多年积蓄，并向银行申请了一笔贷款，获得了村南220国道北侧的一块南北长100多米、东西宽约50米的土地的使用权，并与镇政府签订了50年的租赁合同。在这块地上，他建起了一座高3层、有20多个房间的楼房。建房时，由于资金紧张，他将书会路西侧的门头房以17万的价格卖给了别人。新房建好后，又在此开起了饭店与宾馆，取名为"红太阳大酒店"——一度曾是胡集镇最为高档的酒店。2010年之后，他停办了饭店，开始专心做宾馆生意。同一年，为进一步扩大收入来源，胡云平打算将自家的后院改造成一个鱼塘，作为休闲用地。于是，他请自己一个干挖掘机的同学来帮忙挖鱼塘。开挖之前，在与同学的聊天中他得知，一台中型挖掘机就要80多万，比他一个饭店还值钱。刚巧，镇上一台100多万的挖掘机刚被卖掉。这让他从中看到了商机，因为"你卖了，我买了，你就得用我的"。于是，他取消了挖鱼塘的投资计划，转而购买了一台挖掘机，并开始四处招揽工程活，比如修路。后来，随着工程量的增多，他又陆续购买了几台挖掘机与铲车。如今，他共有挖掘机3台、大卡车1台。1台挖掘机的价格，进口的要两三百万，国产的则便宜很多，约80万元。随着机械工程生意的扩大，宾馆生意逐渐成为胡云平的副业。与此同时，随着胡集镇宾馆的日益增多，宾馆生意也越来越不好做。2013年，济东高速开建，项目部需要租赁一个地方做指挥部，于是该年年底，胡云平以每年12万元的价格，将自己的楼房租给了济东高速项目部。这个价格和胡云平干宾馆时的收入差不多，这样还不用他操心费力，于是他便开始一心一意做自己的工程生意。2016年12月，济东高速项目部的租赁合同到期。最初，他本想将房子租给别人做生意，但价格一直不合适，于是胡云平打算将其重新装修，再开宾馆。因为他发现，胡集镇的宾馆基本全集中在镇驻地北侧，而靠近220国道的南边则没有一家宾馆，这可能恰好是一个好的商机。①

① 对此笔者及整个调查团队成员都深有同感。住在北边的宾馆，然后赶到南边的老村进行调查，来回至少三四公里，非常不方便。

红太阳大酒店

总之，近些年来，胡云平的生意是越做越大，虽然由于不停地在投资，他手头的实际款项并不多，但就像他自己所说的那样："我这个生意，可以说滚雪球似的。"他的生意正越做越大。笔者在胡集村调查时，胡云平又有几个新的项目准备上马，其中一个是游泳池项目。他打算在自家后院建两个游泳池：一个是标准游泳池，水深 1.2 米～1.7 米；一个是专供儿童等游泳、玩耍的浅水池，水深 0.8 米～1.2 米，总投资约 100 万元。为此，他专门到惠民、邹平、滨州等地做了市场考察，发现这一项目的收益还不错，旺季时每天能有几万块的收入。他还听说国家对国标游泳池建设有专门的资金扶持，于是准备到惠民县体委寻求一些政策补贴。①

四、书会守望人

近年来，随着曲艺表演的日渐式微及非物质文化遗产保护运动的兴起，作为我国现存两大传统古书会之一的胡集书会越来越受到各方力量的关

① 2017 年年底，游泳池建好并投入试运营。

注，如政府、媒体、学者等。而在几乎所有有关胡集书会的新闻报道或学术研究中，有一个人总会被大家反复提及，他就是胡集镇原文化站长胡同利。胡同利，男，1957 年生，胡集镇胡集村人，高中文化程度。胡同利出生于一个经济条件比较好的家庭，有着比较浓厚的艺术表演氛围。村民们说："他们一家人都会唱，唱得特别好！"①受家庭及区域浓厚说书氛围的影响，胡同利自小就喜欢听书、说书，与说书、书会等结下了不解之缘。1978 年担任胡集镇文化站站长后，由于工作原因，他全程参与了胡集书会由"民办"逐渐转为"官办"的整个历程，并见证了胡集书会由盛转衰的整个过程。尤其在 2008 年胡集镇政府实行了"政府买单，送书下乡"政策后，胡同利的作用更是被大大凸显，从艺人邀请、考察艺人、评定书价到安排下村、督促检查皆主要由他一人进行，使其成为当前胡集书会的实际组织者与运行者。② 用他自己的话说："应该说我对这个胡集书会做了点贡献。"③

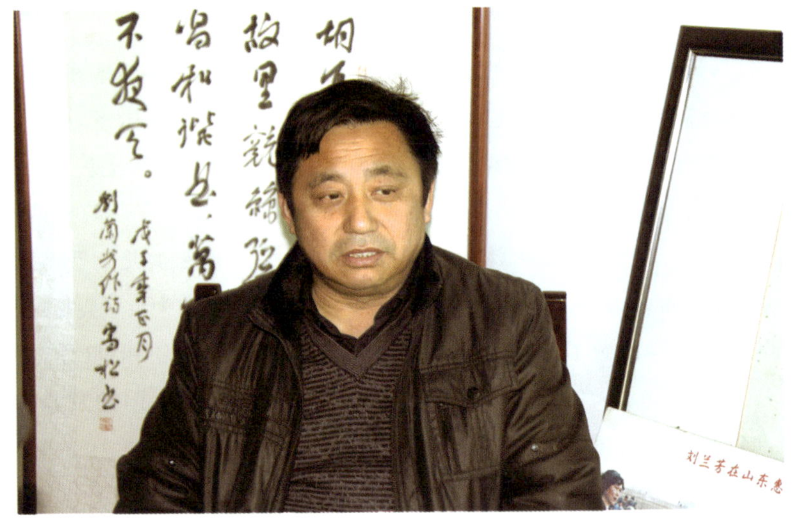

胡同利

① 王金玲，女，胡集村人。访谈时间：2017 年 3 月 25 日上午。

② 在调查过程中，不论是说书艺人，还是胡集周边村落民众及部分专家学者，都会强调胡同利在当前胡集书会组织过程中的重要作用。大家一致认为，没有他，也就没有今天胡集书会的"蓬勃发展"。

③ 此处有关胡同利的相关介绍资料，主要来自 2010～2017 年笔者对他进行的历次访谈，下文不再特别注明。

胡同利不仅爱听，还参加实际的舞台演出，且很快崭露了头角。他13岁（虚岁）时，有一次村里排演《智取威虎山》，其中有一段戏是杨子荣审栾平。临近开场，演栾平的胡美福却病了，实在找不到人演了，于是担任大队长的父亲就问胡同利：你行吗？他就说试试吧！虽然当时胡同利人小，但嗓子却特别高，比演杨子荣的人嗓门还高，结果审问的戏段硬是没演下去，从此胡同利一炮而红，14岁时就正式加入了毛泽东思想宣传队。由于嗓门高，每次开批斗会，就由他与一位名叫中华的人负责喊口号。1978年，胡同利接替韩克顺担任胡集公社文化站站长。他先是在惠民县进行业务学习，学了大半年；回到村后，便开始组织春节文艺汇演，代表公社到县城去参加比赛。没有编剧，胡同利就自编自演。结果第一年就碰了钉子，虽然自己觉得演得不错，但他没能拿到好成绩，只得了个三等奖；第二年，摸清了门道之后，大受观众欢迎，1981～1985年连续5年他都是第一名。

长期以来，胡集书会一直是由民间自发进行，并未受到任何政府部门的关注，到20世纪80年代，这种情况终于发生了改变。1979年10月，作为文化站站长的胡同利代表胡集公社到滨州地区（今滨州市）参加文艺汇演，演的是喜剧舞蹈。其间，滨州地区艺术馆分管曲艺的王树桐，就问有没有胡集来的人。胡同利回答说“我是”。然后王树桐就问他，胡集村还有说书的吗？他回答说：不但有，而且很多，另外每逢二、七大集都有说书的。王树桐听后非常感兴趣，表示来年一定要去看看。于是1980年正月十二，王树桐就带着山东电视台驻滨州记者站一名叫高飞的记者来到胡集村，他自己还随身带了一台摄像机。当时，胡同利作为文化站唯一的一名工作人员，主要工作就是帮助高飞进行拍摄。对此，即使已经过了几十年，胡同利仍记忆犹新：

> 他（高飞）拿着录像机，我记忆当中就和我的吹风机一样。那时候老百姓不知道这是个什么东西。那时候文化站就我一个人，我既要扛梯子，还要背着电池，我们两个还不能分开。那一天真是把我累坏了。他上了梯子，我还得在底下扛着他。伺候完他一天，累得我躺了三天，真是把我累坏了。

拍摄完成后，高飞将片子拿回山东电视台进行了播放。正是此次播放，让越来越多的人知道了胡集村书会。只是当时胡集村里还没有电视，胡同利并没有看到所拍摄的片子。

1981 年,王树桐又带着杨子玉、高延硕等来到胡集,了解民间艺人,挖掘资料,并在当年夏天将书会情况向当时的山东省曲协领导作了汇报。于是1982 年,山东省曲协副主席张军又带着一行人来到胡集进行调研。在此过程中,为了宣传报道的需要,胡集村说书被正式定名为“胡集书会”。对此,胡同利认为该称呼并不准确,应该叫“胡集灯节书会”,为此他还曾与镇党委书记路灿新[①]起争执。

> 我说胡集书会这个名称不对,应该叫“胡集灯节书会”,因为正月十五正是闹元宵,买办灯笼。老百姓上这里来赶集、买办灯笼、听说书,所以叫“灯节书会”。

1982 年之后,随着胡集书会名头越来越响,各地来宾及媒体记者等来访日益增多,在此过程中,胡同利又承担起了引导、介绍与相关辅助工作,并积极投入到民间艺人访谈与资料挖掘、整理工作中,拍摄了大量 20 世纪 80 年代胡集书会的珍贵照片。后随着赶会艺人的日渐增多,1987 年胡同利又对参会艺人基本情况做了登记。

20 世纪 90 年代之后,胡集书会呈现衰落之势,前来参会的艺人日益减少。眼看参会艺人日渐减少,胡集书会将无以为继,胡同利找到当时的镇党委书记孙增广,提出了应该给所有赶会艺人发放路费补助的建议:

> 1990 年往后说书市场不景气了,艺人们自己来卖,卖不下去就回去,总共十来档人,最少的时候四五档。我一看这样不行,就去找领导,说书是老人们传下来的传统,我们不能断了。我直接对孙增广书记说:“说实话,要是胡集书会断到你这一届上,你就成了千古罪人。谁把这个书会传统中断了,谁就是千古罪人。”他说:“你说的对。你说咋办?”我说找投资。就这样书会才接着办了下去。

于是,从 1996 年开始,为鼓励艺人前来参会,胡集镇政府开始给前来参会的艺人发放往返路费。

2005 年 10 月,胡集书会申请“国家级非物质文化遗产名录”,胡同利又被要求担负起填写申请书的重任,并最终成功获批。在此过程中,胡同利曾被上报为胡集书会传承人,但因书会是个空间文化,因而未获批准。对此,

① 2006 年起任胡集镇党委书记,2012 年调任惠民县副县长。

胡同利说：

> 当年胡集书会申报非物质文化遗产时，我也不会写。给我个样本是关于吹打乐的，跟这胡集书会不是一回事。问县里，县里也没有知道的，镇上更没人会。我就根据人家那个样本把草稿写出来了。当时我们直接申请的是国家级，也不知道什么程序，让盖章我就盖章，叫签字我就签字。胡集书会就是这么着报上去的，2006 年批了下来。报的书会传承人，没批。为什么没批呢？是因为那个胡集书会是个空间文化，没有传承人……

2006 年 5 月，胡集书会被成功列入首批国家级非物质文化遗产名录。2007 年，为更好地保护与传承胡集书会，胡集镇政府采取了“群众听书，政府买单”的政策，2008 年又改为“政府买单，送书下乡”的政策，胡集书会开始完全由政府组织与承办。在此过程中，胡同利又承担起了具体的组织与管理工作。每年进入腊月之后，胡同利即给自己熟悉的说书艺人打电话，请他们前来参加胡集书会；同时，给各地曲协发送邀请函，请他们派艺人前来。正月十一下午，胡同利开始到镇上各旅店内看望艺人，并进行登记。对新来参加书会的艺人则进行考察，以确定其水平高低，并给所有艺人评定一个书价等级，以给予相应的说书报酬。看望并考察完艺人之后，半夜回到家中的胡同利又着手分配艺人下村事务，具体决定哪档艺人到哪一村，通常要弄到凌晨三四点。正月十二上午，胡同利又要分别通知各档艺人具体分配情况，并安排村落负责人与分配到该村艺人的接洽事宜。在此过程中，他还要不断地接受各级新闻媒体的新闻采访，几乎没有一点空闲时间。正月十三上午，胡同利开始带着摄像机往各村跑，拍摄艺人说书片段并对艺人进行检查督促。一直到正月十六皆如此，每天要跑三四个村，正月十五亦不在家中过节。正月十七上午，艺人陆续到镇政府结算书价，胡同利又同镇政府财政所工作人员一起向他们发放说书报酬与“优秀演员”证书。中午，艺人陆续离去，胡同利开始整理相关资料，以向镇党委书记、镇长等汇报。总之，在整个胡集书会的过程中，时时都可以看到胡同利的身影。虽然按照胡集书会筹备委员会的具体安排，具体工作开展过程中有许多人可供胡同利调遣，但实际上大部分工作只是他一人在做。

胡同利分配艺人

20 世纪 80 年代胡集书会名声传开之后，从 1983 年孙振业第一次前来演出，到 2008 年为活跃表演气氛，胡集镇政府曾先后邀请了几十位名家大腕前来演出，包括刘兰芳（先后来过 4 次）、唐杰忠、牛群、唐爱国、高元钧、郭全宝、姜昆、郭文秋等。名家的到来，虽然活跃了书会气氛，但也造成了诸多负面影响，因民间大腕压制了民间艺人，而胡集书会本质上是民间艺人的盛会。胡同利敏锐地意识到了这一点，并向镇政府提出了不再邀请名家大腕的建议：

> 为什么这几年不请大腕了呢？镇上也总结出一个经验，咱们就是发展民间的，大腕来了会压制他们，他们也得不到发展，所以我们就以民间艺人为主。……花五六十万请大腕，根本达不到效果。他们一说，这些民间艺人根本捞不着（即“没机会”之意）张口了。
>
> 我总觉得这个曲艺盛会是属于老百姓的，是叫百姓看的，不能叫老百姓骂！

于是从 2009 年开始，胡集书会不再邀请名家大腕前来演出。① 而胡集书会 800 年的历史，也是由胡同利最早提出来的：

① 2014～2017 年，胡集书会组委会先后举办了第一、二、三、四届“胡集书会擂台赛”，特邀请了国家一级演员、天津市艺术团的郝秀杰前来，但只是做评委，而非演出。

胡集书会800年的说法是我提出来的。为啥说800年呢？1980年调查的时候，一位艺人告诉我们，他听他师祖说，书会历史往上推起来有770来年。我一算，有800年也差不多了，就800年吧。

作为当前胡集书会实际的组织与管理者，对广大艺人而言，胡同利也就是他们的组织与管理者。每档艺人书价多少、去哪一个村子，都最终由他来决定，因此许多艺人对其是“又敬又怕”。对于其通过一个小段即给一档艺人定书价的办法，绝大部分艺人都十分信服。如据2009年的一份书会艺人调查，对书价“非常满意”的艺人占55％，“基本满意”的占40％，“不太满意”的仅为5％。[①] 少量艺人心有不服，主要是认为书价太低且定价方式不公平。2009年书会，一位艺人即不满意胡同利给出的书价，闹着要罢演。但胡同利并不怕，说可以让在场的人都一起评判这个事，他并没有偏向谁或贬低谁。[②] 而对于少数违反镇政府规定的人，胡同利则会严肃处理。如2008年书会，阳信女艺人王秀兰未遵从胡同利安排，私自与胡集镇之外的一个村子商定并以2600元的高价卖了下去，而相比之下胡集镇政府给的书价只有1800元。胡同利得知后非常生气，说以后再也不管她了，即再也不安排她了。对此王秀兰非常害怕，怕以后自己在胡集书会上真的没法再混下去，最终服从了胡的安排。2009年书会，王秀兰未参加。2009年5月，胡同利组织一批艺人到济南蟠龙山参加演出，王秀兰亦在其列。为表达上一年的歉意，王秀兰便想请胡吃饭，被胡拒绝了。他说：“只要用心表演就行，其他的用不着。”2010年书会，王秀兰再次参加。

除了是胡集书会艺人组织者与管理者外，胡同利还充当了当前众多书会艺人的“经纪人”角色，即为一些书会艺人联系说书业务。由于胡同利与诸多书会艺人的良好关系及对他们非常熟悉，于是一些想请艺人说书的人便直接与胡同利联系，让其引荐。就连平时村中谁家有事想请艺人说两天书，也会直接找胡同利帮忙联系、谈书价，而不是直接找艺人谈。因此，从这个方面来讲，胡同利又像胡集书会诸艺人直接“经纪人”，只是这个“经纪人”是不收取任何费用的，胡同利本人也笑称自己是“没有钱的经纪人”。如

① 参见张岩：《胡集书会艺人基本情况的调查与思考》，载《商情》2009年第2期。

② 参见郝沛然：《音乐与养家糊口——山东省胡集书会研究》，华中师范大学硕士学位论文2009年，第65页。

2011 年正月初二，王秀兰通过胡同利的介绍到惠民县魏集镇魏氏庄园做了 3 天演出，书价为 1200 元。书会期间的正月十五中午，高青田镇有人联系胡同利，说为给母亲庆祝 95 岁大寿想请一档艺人说书，胡同利又将正在胡集村说书的王秀兰介绍给了他们，一天 3 场 800 元。之所以要这样做，按胡同利的说法，就是为了给好的民间艺人多提供一些“活路”，从而也就是更好地保护与传承胡集书会。

总之，胡同利已完全成为胡集书会的形象代言人。就连他的手机铃声，都是有关胡集书会的介绍。但凡欲了解胡集书会者，必先采访胡同利。不仅是因为他几十年的用心参与，还因他是个有心人，收集、保存了大量有关胡集书会的照片、题字、文档等资料。2017 年，在胡同利的张罗下，“胡集书会研究会”正式成立，以集合各方面力量，共同探讨胡集书会的保护与发展问题。而对于胡集书会的未来，胡同利亦有着非常乐观的看法，认为胡集书会“再撑 50 年绝对没问题”。

附 录

重要民俗资料提供者简介

胡希文，男，1953 年生，初中学历，胡集村村民。

杨洪明，男，1954 年生，胡集镇皂户杨村村民，宏达商务宾馆老板。

胡玉田，男，1949 年生，胡集村村民，祖上曾多代开旅店。

胡云平，男，1974 年生，初中学历，胡集村村民，胡集村村委会主任。

胡海军，男，1966 年生，胡集村村民，鑫隆商务宾馆老板。

胡同利，男，1957 年生，高中学历，胡集村人，胡集镇文化站原站长。

胡海军母亲，女，1936 年生，胡集村村民。

王金玲，女，1969 年生，胡集镇胡集村村民，鑫隆商务宾馆老板娘。

胡梅亭，男，1931 年生，胡集村村民，已去世。

胡友朋，男，1943 年生，胡集村村民。

张花英，女，1944 年生，胡集村村民。

王昊，男，2001 年生，胡集村村民，胡集镇中学三年级学生。

胡忠先，男，1946 年生，胡集村村民。

胡安年，男，1939 年生，胡集村村民。

胡大娘，女，1942 年生，胡集村村民，胡安年老伴。

闫大娘，女，胡集村村民。

胡大娘，1948 年生，胡集村村民，娘家、婆家均为胡集村。

万风亭，男，1944 年生，山东省阳信县商店镇人，渤海大鼓艺人，从 1958 年起即跟随父亲参加胡集书会。已去世。

主要参考文献

杨子玉:《一个历史悠久的灯节书会》,载中国人民政治协商会议山东省惠民县委员会文史资料组编:《惠民县文史资料》第2辑,1982年。

惠民地区地名词典编辑室编:《中华人民共和国地名词典 山东分卷·惠民地区部分》(内部资料),1986年。

杨子玉、刘洪俊:《惠民县曲艺概述》,载政协惠民县文史资料研究委员会编:《惠民文史资料》第5辑,1988年。

山曼、李万鹏等:《山东民俗》,山东友谊书社1988年版。

山东省惠民县地名委员会办公室编:《惠民县地名志》,改革出版社1993年版。

《山东省》编纂委员会编:《中华人民共和国地名词典·山东省》,商务印书馆1994年版。

赵世瑜:《明清时期江南庙会与华北庙会的几点比较》,载《史学集刊》1995年第1期。

山东省惠民县地方志编纂委员会编:《惠民县志》,齐鲁书社1997年版。

[美]施坚雅:《中国农村的市场和社会结构》,史建云、徐秀丽译,中国社会科学出版社1998年版。

[美]施坚雅主编:《中华帝国晚期的城市》,叶光亨等译,中华书局2000年版。

龚关:《明清至民国时期华北集市的比较分析——与江南、华南等地的比较》,载《中国社会经济史研究》2000 年第 3 期。

韩克顺:《九品乌纱》,作家出版社 2003 年版。

王庆成:《晚清华北的集市和集市圈》,载《近代史研究》2004 年第 4 期。

黄涛:《清明节的源流、内涵及其在现代社会的变迁与功能》,载《民间文化论坛》2004 年第 5 期。

刘铁梁:《"标志性文化统领式"民俗志的理论与实践》,载《北京师范大学学报(社会社科版)》2005 年第 6 期。

张玉:《民间艺人、书会传承与乡民社会——胡集书会调查与研究》,山东大学硕士学位论文 2008 年。

叶涛:《泰山香社研究》,上海古籍出版社 2009 年版。

刘德增:《人迁徙:寻找"大槐树"与"小云南"移民》,山东人民出版社 2009 年版。

郝沛然:《音乐与养家糊口——山东省胡集书会研究》,华中师范大学硕士学位论文 2009 年。

张岩:《胡集书会艺人基本情况的调查与思考》,载《商情》2009 年第 2 期。

朱海滨:《民间信仰——中国最重要的宗教传统》,载《江汉论坛》2009 年第 3 期。

韩克顺:《胡集书会》,中国文联出版社 2010 年版。

王见川:《真武信仰在近世中国的传播》,载《民俗研究》2010 年第 3 期。

齐焕姜、于建华编著:《图说齐鲁地名文化》,青岛出版社 2013 年版。

王加华主编:《中国节日志・胡集书会》,光明日报出版社 2014 年版。

王加华:《"你"怎么看:胡集书会保护与传承的艺人视角》,载《民族艺术》2017 年第 3 期。

后记

从 2010 年以来，因为胡集书会的缘故，我曾先后将近 20 次前往胡集镇、胡集村，但由于关注的重点一直是“书会”而非“村庄”，因此虽然对胡集村有一定程度的了解，但远未达到可以写作一本书的要求。2017 年 2 月底，国家社科出版基金“山东村落调查研究丛书”获得立项批准。在遴选调查村落时，我想到了胡集村，主要是基于操作的方便与情感上的认同。历史学出身的笔者，此前从未有过专门针对一个村落展开深入研究的经历，因此相比之下，胡集村是我研究基础最好的一个村落，不论是在了解度上还是田野关系的搭建方面。其次，对于这个跑过六七年的村落，我在心理上还是具有比较强烈的认同感的。

虽然有种种不满意之处，但书稿终究是完成了。细细想来，书稿的写作虽是急就章，但此前的“准备”却是一个长期的过程，是许多人帮助与提携的结果。追根溯源，首先需要感谢的是文化部民族民间文艺发展中心的李松主任与山东大学文化遗产研究院的张士闪教授。若没有两位先生当初的鼓励与帮助，我也就不会与胡集村结缘，也就不会有今天这部有关胡集村的书稿。感谢历年来陪我到胡集村调查的同事、朋友与同学们。他们是山东大学儒学高等研究院的李浩教授，山东青年政治学院文传学院的扈长举、胡宁波、卢国华老师，山东大学民俗学研究所的郭寒冰、杨心恬、李娟、马星宇、张玉、付伟安、杨莹、张旭、刘星、佘康乐、艾晓飞、吴美云等同学。最后，衷心地感谢胡集村的各位村民及胡集镇政府工作人员，没有他们的配合与热情接待，更不会有本书稿的完成。这其中，尤其是胡同利、胡希文、胡云金、胡云

平、胡海军、胡玉田等诸位先生，或是笔者的主要访谈对象，或为笔者的调查提供了诸多便利之处。在此，对他们致以最诚挚的谢意。另，文中所用图片有两张（第94、120页）为胡同利先生所拍摄，有一张（第140页）为张玉所拍摄，在此一并表示诚挚的谢意。对书中的不当之处，也真诚地请求诸位的理解与谅解。

欢迎所有读者批评与指正！

王加华

2017年6月28日于济南福润康城

图书在版编目(CIP)数据

胡集村/王加华著.—济南:山东大学出版社,
2017.12
(山东村落田野研究丛书/张士闪,李松总主编)
ISBN 978-7-5607-5911-1

Ⅰ.①胡… Ⅱ.①王… Ⅲ.①村史—惠民 Ⅳ.
①K295.25

中国版本图书馆 CIP 数据核字(2017)第 328694 号

责任策划:傅 侃
责任编辑:张 瑞
装帧设计:牛 钧

出版发行:山东大学出版社
社 址 山东省济南市山大南路 20 号
邮 编 250100
电 话 市场部(0531)88363008
经 销:山东省新华书店
印 刷:山东华鑫天成印刷有限公司
规 格:720 毫米×1000 毫米 1/16
13 印张 203 千字
版 次:2017 年 12 月第 1 版
印 次:2017 年 12 月第 1 次印刷
定 价:45.00 元